KB164005

마음 속 기억창고를 만드는

K-POP
작곡가

서정진 지음

TALK SHOW

음악은 현상을 표현하는 것이 아니라,
모든 현상의 내면적인 본질을 표현한다.
음악은 특정한 기쁨과 고통을 표현하는 것이 아니라,
기쁨과 고통 그 자체를 표현한다.

- 쇼펜하우어, Arthur Schopenhauer -

음악은 세계의 언어입니다.

- 헨리 롱펠로, Henry Wadsworth Longfellow -

C·O·N·T·E·N·T·S

C·O·N·T·E·N·T·S

K-POP 작곡가 서정진의
프러포즈

안녕하세요. 한창 꿈을 꾸고 있을 청소년 여러분, K-POP 작곡가 서정진입니다. 지금부터 대중음악과 작곡, 특히 전 세계의 청소년들과 대중들을 사로잡고 있는 K-POP에 대해 제 경험을 바탕으로 말씀드릴게요.

이 책을 보는 분 중에 평소 음악을 듣지 않는 분들은 아마 없을 거예요. 요즘은 휴대전화와 무선 이어폰만 있으면, 과거 히트곡부터 최신 유행하는 노래까지 손쉽게 들을 수 있는 세상이니까요. 그리고 뮤직비디오나 틱톡, 쇼츠의 유행 영상에서부터 댄스 챌린지까지 여러분들이 매시간 즐기고 있을 거라 생각되는데요, 거기에 절대 빠질 수 없는 것이 음악과 노래입니다.

팝의 본고장인 미국의 빌보드를 비롯해 전 세계를 강타하고 있는 아이돌과 K-POP 음악은 한국 문화의 우수성을 제대로 보여주고 있어요. 그리고 그 노래들이 대부분 우리의 모국어인 한글 가사로 만들어져 있고, 그 가사들을 이해하기 위해 한글을 배우고 따라 하는 청소년들이 세계적으로 많아지고 있죠. 제가 어렸을 때 마이클 잭슨의 노래가 좋아서, 더 잘 이해하고 따라 부르기 위해 영어 공부를 하곤 했는데, 저도 참 놀라운 경험을 하는 것 같아요. 얼마 전 언어학습 앱에서 조사한 바에 의하면, 2022년 기준 전 세계에서 가장 많이 학습한 언어 중 5위가 한국어(영어, 스페인어, 프랑스어, 독일어, 한국어 순)라고 하는데, 나라의 크기나 인구수를 감안했을 때 놀라운 일이 아닐 수 없습니다.

제가 어렸을 때를 생각해 보면 청소년 시기는 감수성이 폭발하는 시기이고, 감수성을 더욱 자극해 주는 것이 음악과 노래였어요. 사랑과 우정, 꿈과 불안한 미래에 관한 노래들은 어린 시절의 저를 위로해 주었죠. 여러분도 저와 같은 마음으로 노래를 듣고 있을 거로 생각해요. 수많은 아이돌 가수들도 여러분과 같은 나이 때부터 오랜 기간 연습생 생활을 하고 데뷔하기도 하죠. 그들도 무대 위에선 화려하고 멋있는 모습이지만, 멋진 모습을 보여주기 위한 과정은 힘든 시간이었을 거예요. 그것들은 청소년 여러분들이 미래를 위해 공부하고 연습하는 과정과 크게 다르지 않을 거고, 그런 부분들이 여러분에게 더 공감됐을 거로 생각해요.

그렇다면 이러한 곡들을 만드는 일에 대해서 생각해 본 적이 있나요? 인기 절정의 아이돌 가수가 무대에서 부르는 노래를 만드는 일은 너무나 놀라운 일이죠. 그리고 내가 만든 노래를 수많은 사람이 따라 부르고 그 노래에 맞춰 춤을 추기도 하고 또는 노래방에서 그 노래를 부르기도 한다면, 정말 기쁘고 특별한 경험일 거예요. 제가 하는 작곡가라는 일이 바로 그러한 일입니다. 제가 만든 노래를 아이돌이나 최고의 가창력을 가진 가수들과 만나 녹음하고, 세상에 발표하는 일이 작곡가나 프로듀서들이 하는 일이죠. BTS와 뉴진스, 르세라핌의 소속사인 하이브의 대표 방시혁 님의 원래 직업이 작곡가였다는 사실을 여러분들은 알고 있나요? K-POP의 세계에서 가장 핵심적인 일이 바로 작곡과 프로듀싱이라는 것을 보여주는 사례일 거예요.

노래를 만드는 일은 그 자체로 즐거운 일입니다. 슬픈 노래든 기쁘고 신나는 노래든 내 생각과 감정을 가사로 써서 친구나 사랑하는 사람, 가족에게 들려주고 그들에게서 공감을 얻어 내는 일은 그 자체로 행복한 경험일 거예요. 그러한 개인적인 경험과 감정들이 주변의 지인뿐만 아니라 전 세계 사람들과 공유된다면 얼마나 좋을까요? 지금부터 그 놀라운 일에 대해 여러분에게 이야기해 드리고 제 경험을 나누려고 합니다. 꿈이 미래가 될 여러분들에게, 제 얘기가 조금이라도 도움이 되길 바라며 시작해 볼게요.

첫인사

편 토크쇼 편집자

서 작곡가 서정진

편 안녕하세요? 제가 너무 좋아하는 〈응답하라 1994〉의 메인 테마곡인 「너에게」를 리메이크 편곡해 주신 서정진 작곡가님을 만나 뵈어서 반갑습니다.

서 안녕하세요. 만나 뵙게 되어 반갑습니다. 「너에게」는 원래 서태지와 아이들이라는 팀의 노래가 원곡인데요, 서태지와 아이들은 1992년에 데뷔한 그룹으로, 대한민국 가요계는 서태지와 아이들의 전과 후로 나누어진다고 할 정도로 중요한 가수예요. 여러 가지 면에서 K-POP의 시초라고 불리는 가수죠. 그들의 2집 앨범에 실린 곡 중 하나가 「너에게」라는 곡인데, 제가 참여한 곡은 성시경이라는 가수가 리메이크 한 버전이고요. 저는 편곡에 참여했고, 드라마 〈응답하라 1994〉의 OST로 쓰여서 많은 사랑을 받았어요. 편집장님께서 좋아하는 곡이라고 하니 더 기쁘네요.

편 K-POP을 정말 많이 듣지만, 대부분 아이돌이 관심 대상이다 보니 K-POP이 어떻게 만들어지는지 자세하게 들여다볼 생각은 못 했던 것 같아요. 선생님이 생각하시는 K-POP의 특별함은 무엇인가요?

서 K-POP은 넓은 의미로는 한국의 대중가요^{Korean Pop}를 뜻하는 말인데, 요즘엔 아이돌이 중심이 되는 가요를 의미하는 것 같아요. 아이돌 중심의 K-POP의 특별함은 '칼군무'로 불리는 화려한 안무와 퍼포먼스, 변화무쌍한 곡의 진행, 강력한 팬덤 등이 있어요. 점점 진화하고 발전하는 중이라 다른 특별함도 생겨나고 있고요.

편 아이유, 박효신 등 유명한 가수들과 작업하셨는데요, 내가 만든 곡을 가창력이 뛰어난 가수들이 부를 때 작곡가로서 어떤 생각을 하시나요?

서 작곡가는 기본적으로 곡을 만들어서 가수에게 파는 직업이에요. 그 가수 중에서 가창력이 뛰어난 분들에게 곡을 팔고 그분들이 제가 만든 노래를 불러 세상에 발표하는 경험은 너무나 특별해요. 머릿속에서 희미한 형태로 남아있던 곡이 가창력이 훌륭한 가수의 목소리와 만나 하나의 작품으로 완성되었을 때, 작곡가로서 가장 뿌듯함을 느끼죠. 훌륭한 작품은 가수와 작곡가가 함께 만들어가는 거라고 생각해요.

편 청소년들에게 K-POP 작곡가라는 직업을 프러포즈 하는 이유가 있나요?

서 K-POP 작곡가라는 직업은 일단 너무 재밌는 직업이에요. 무언가를 창조하는 일이고 예술가적인 직업이라 일반적인 일들과 성격이 많이 다른 직업이죠. 그리고 청소년들이 좋아하는 아이돌 가수들이 춤을 추며 부르는 노래를 만드는 일이에요. 그 가수들이 내가 만든 노래로 안무를 하고 노래를 부르며, 수많은 대중이 그 노래에 열광한다고 생각하면 너무 흥분되지 않나요? 게다가 K-POP은 이제 한국 시장을 넘어서 전 세계가 즐기는 음악으로 자리 잡고 있어서 미래가 더 기대되는 직업이라고 생각해요.

편 선생님, 음악은 우리 삶에 어떤 의미가 있다고 생각하세요?

서 음악은 늘 기억과 같이 사람들에게 전해지는 것 같아요. 음악 그 자체로만 마음속에 남는 것이 아니라 그 노래를 들었을 때의 상황과 분위기, 추억 같은 것들이 함께 저장되죠. 그래서 그런지 제가 만든 노래에 "아, 이 노래만 들으면 학창 시절이 떠올라요", "이 노래만 들으면 그 시절에 사귀던 사람이 생각나요." 이런 댓글들이 많더라고요. 그게 사랑 노래가 아니라 신나는 곡이라도 과거에 사랑하던 사람과 함께 들었던 노래라면서, 그 노래를 들을 때마다 그 사람과의 추억이 생각나서 슬퍼진다는 경우도 있고요. 사람들이 과거의 시간을 사진이나 사건으로도 기억하지만, 그 당시의 마음은 음악과 함께 기억

초등학교 시절 피아노 콩쿠르 모습

되고 저장될 수도 있거든요. 음악은 그 자체로 사람들에게 행복과 즐거움을 주지만, '마음의 기억 창고'로써 역할도 하는 것 같아요. 남녀노소, 개개인들이 좋아하는 음악이 다 다른 것도 시대마다 개인마다 기억과 추억들이 다르기 때문이라고 생각해요.

편 이 책을 만나는 청소년들이 K-POP을 어떻게 듣고, 느끼길 바라시나요?

821 Sound 마스터링 룸

서 K-POP을 그냥 지금처럼 듣고 즐기고 느끼길 바랍니다. 지금처럼이라는 뜻은 생각을 많이 하고 듣는 것보다는 그냥 느껴지는 대로 감상하는 거예요. 제일 중요한 것은 본인의 느낌이니까요. 다만 K-POP에 조금 더 관심이 있거나, 작곡에 관심이 있는 분들은 좀 더 자세히 들으면 좋겠어요. 작곡가와 작사가, 연주자, 엔지니어 등 크레디트를 살펴보는 것도 하나의 방법이고요. 마지막으로 좋은 스피커나 헤드폰을 사용해서 음악을 감상하길 추천해요. 그렇게 하면 음악을 듣는 기쁨이 훨씬 더 커질 거예요.

편 사람들에게 수많은 감정을 불러일으키고 위로를 건네는 감성 충만한 특별한 직업, 그러나 시장이 커지면서 경쟁이 치열하고 또한 큰 보상이 따르는 직업, K-POP 작곡가의 세계로 들어가 보겠습니다.

K-POP의
세계

편 K-POP에 대해서 설명해 주세요.

서 POP은 Popular에서 왔는데요. Popular는 대중적이고 인기 있다는 뜻이에요. 클래식 같은 순수 예술 음악을 제외한 나머지 대중적인 음악, 즉 사람들이 쉽게 좋아할 수 있고, 상업적으로 만든 음악을 보통 POP이라고 이야기하죠. 그 안에는 블루스, 댄스, 디스코, 아프로비트 등 여러 가지 종류가 있는데, K-POP은 한국의 대중음악을 의미해요. 찾아보니까 K-POP이라는 말을 1990년대 말쯤 어떤 미국 기자가 처음 썼더라고요. 물론 지금 같은 의미가 아니라, 영미권 음악을 의미하는 POP과 한국의 대중음악을 구분하기 위해서 사용했던 것 같아요. 예전에 80~90년대에 일본 대중음악이 부흥했을 때도 J-POP이라고 부르긴 했거든요.

그러다가 2000년대 H.O.T를 시작으로 우리나라 가요계에 아이돌 그룹이 나오기 시작하고, 2010년을 기점으로 더 성장해서, 현재는 BTS나 블랙핑크 같은 글로벌 아이돌 그룹이 나왔어요. 한국 아이돌 그룹의 영향력이 커지면서 K-POP은 한국의 대중음악을 지칭하는 것을 넘어, 전 세계 주류 음악 시장에서 하나의 고유한 장르로 인정받게 됐고요. 그러면서 지금은 전 세계가 공통으로 쓰는 말이 됐죠. 이렇게 자리 잡은 지 얼마 안 됐어요. 세계에서 가장 큰 음악 시장은 미국이에요. 미국 인구 중 라틴계의 비율이 높아서 라틴 음악이 꽤 큰 비중을 차지하는데, K-POP도 전 세계 주류 음악으로서 서서히 인정받고 있다고 생각해요.

편 K-POP의 역사는 어떻게 되나요?

서 K-POP은 한국의 대중가요를 의미하는 말이기도 하지만, 요즘은 주로 아이돌 중심의 대중가요를 K-POP이라고 하죠. 그 시작은 90년대 서태지와 아이들이라고 많이 얘기해요. K-POP의 특징 중 하나는 강력한 팬덤이에요. 한국은 물론 전 세계에 팬들이 있죠. 서태지와 아이들 이전의 가수들은 방송국이나 제작사가 원하는 방향으로 활동했다면, 서태지와 아이들은 강력한 팬덤을 바탕으로 아티스트가 주체적인 음악을 할 힘을 가지게 되었거든요.

어쨌든 강력한 팬덤이라는 측면에서 그 시작을 서태지와 아이들로 보고, 이후에 H.O.T라는 팀이 나오면서 아이돌 중심의 K-POP이 본격화되었다고 생각해요. 주체성이라는 측면에서는 서태지와 아이들과 조금 다르긴 하지만, H.O.T도 팬덤이 굉장히 강했거든요. 아이돌 중심의 K-POP 음악을 제일 처음 제작한 기획사가 SM 엔터테인먼트고, 그 시조가 창립자인 이수만 프로듀서라고 할 수 있죠. K-POP 역사에 있어서 이수만 프로듀서의 역할과 존재감은 매우 크다고 할 수 있어요. 아이돌의 시조 격인 남자 아이돌 H.O.T, 그다음에 나온 여자 아이돌 SES, 모두 이수만 프로듀서가 제작한 팀이거든요. 그러면서 핑클이나 젝스키스 같은 1세대 아이돌이 같이 나왔어요.

이후에 2000년대 초반부터 JYP, SM, YG 같은 기획사들이 본격적으로 아이돌 그룹을 만들기 시작했어요. 당시에 나온 원더걸스나 투애니원 같은 팀들은 한국과 동아시아 시장에서 인기가 많았고, 보아나 동방신기도 일본과 아시아 쪽에서 인기가 많았어요. 국내 시장을 넘어서 일본이나 아시아 시장으로 진출하면서 부흥기가 왔고, 회사들도 같이 커졌죠.

지금 같은 K-POP 전성기를 맞이한 데는 BTS의 등장이 가장 큰 전환점이라고 생각해요. 그전까지는 아시아 중심의 시장이었죠. 노래를 한국말로 불렀고, 아시아 팬들과 정서적으로 통하는 부분도 많았고요. 사실 팝 음악은 기본적으로 영어로 되어있는 영미권 음악이어서 아무리 K-POP이 아시아에서 인기가 좋아도 언어적, 정서적 특성 때문에 영미권에서는 크게 관심을 끌지는 못했거든요. 그런데 SNS나 유튜브의 영향이 커지면서 국경과 상관없이 뮤직비디오를 보고 노래를 들을 수 있는 시대가 온 거예요. 특히 코로나 시기가 겹치면서 가속화된 것 같아요. 전 세계의 많은 사람이 스마트폰과 유튜브 등을 통해 K-POP을 듣고 좋아하게 되면서 서서히 영미권에서도 그 부분을 받아들이고, 마침내 빌보드 차트 석권이라는 결과로

나타났죠. 불과 10년, 20년 전만 해도 빌보드 차트에 우리 노래가 올라갈 수 있을 거라는 생각을 못 했어요. 우리나라에 흑인이 와서 국악을 하는 게 어려운 것처럼, 우리가 POP 특유의 정서나 그루브를 따라갈 수 없다는 생각이 많았어요. 하지만 이제는 빌보드 차트에서 1등 하는 게 흔한 일이 돼버렸죠. 그 시작이 바로 BTS예요.

서태지와 아이들부터 H.O.T를 통해 이어져 온 유산들을 받아서 K-POP의 정점을 찍은 거죠. 사실 대형 기획사들은 이전에도 해외에 진출하려고 꾸준한 시도와 노력을 했어요. JYP도 원더걸스를 미국에 진출시키려고 노력했고, 빌보드 차트에도 올랐고요. 당시에는 지금 같은 시스템이 없었기 때문에 박진영 프로듀서가 직접 미국에 가서 현지화 전략으로 전 미국을 돌면서 공연하고 라디오에 나가고 행사도 했었죠. 미국은 음악 시장이 크기 때문에 밑바닥부터 직접 다져야 반응이 온다고 들었어요. 그것을 직접 다 해낸 거죠. 일정 정도의 성공을 거뒀지만, 지금과 같은 결과는 내지 못했어요. 보아도 일본 시장에서 성공하고 미국에 진

출하려고 노력했는데, 크게 반향을 일으키진 못했던 걸로 알고 있어요. 결국엔 BTS에 와서 큰 성공을 거두게 되었는데 사실은 그 이전에 앞서 언급했던 보아, 원더걸스 등 수많은 아이돌 그룹의 도전들이 쌓이고 쌓여서 BTS의 세계적 성공이라는 결과가 나타난 것이라고 볼 수 있어요. BTS의 성공은 물론 그들의 재능과 노력이 큰 이유지만, 그 저변에 거의 30년 정도의 K-POP 아티스트와 제작자와 종사자들의 노력이 있다고 보는 것이 맞는다고 생각해요.

BTS 웸블리 공연장

마음 속 기억창고를 만드는
K-POP 작곡가

편 BTS에 전 세계가 열광하는데요. 세계가 한국의 문화를 받아들였다고 보시나요? 아니면 저희가 세계 대중이 좋아하는 음악에 맞춘 걸까요?

서 저는 전자라고 생각해요. 원더걸스는 우리가 미국의 시스템에 맞추려고 시도한 케이스예요. 그런데도 미국 시장이 너무 견고하고 보수적이었죠. 또 소녀시대나 샤이니 같은 팀들도 아시아 이외에 유럽에서도 반응이 있었어요. 그리고 코로나 팬데믹 시대를 맞이하면서 유튜브나 SNS가 급격하게 성장했잖아요. 음악과 뮤직비디오는 그런 플랫폼으로 즐기기에 좋은 콘텐츠 중 하나거든요. 우리나라 뮤직비디오의 퀄리티도 높고요. 미국의 팝 가수와 비교해도 경쟁력이 떨어지지 않아요.

그리고 역설적인 것이 K-POP의 뮤비나 퍼포먼스의 퀄리티가 높아진 것은 내수시장의 한계 때문이라는 점이에요. 일본이나 미국에 비해 내수시장이 너무 작기 때문에 한국인 특유의 노력을 통해 전체적인 질이 높아진 거죠. 반대로 8~90년대 우리나라보다 훨씬 더 앞서 있던 일본 음악, 즉 J-POP은 지금 K-POP에 비해 발전이 정체된 것이 사실이에요. 그 원인은 여러 가지겠지만, 일본은 내수시장이 워낙 커서 일본 음악계 스스로 발전의 필요성을 크게 못 느꼈다는 점도 분명히 있는 것 같아요. 그렇게 제약 없이 누구나 좋은 음악을 찾아서 듣고 즐길 수 있게 되었는데, K-POP이 퍼포먼스도 훌륭하고 노래까지 좋은 거죠. 물론 기본적으로 팝의 원조는 미국이니까 K-POP도 그 영향을 많이 받은 건 사실이에요. 실제 미국이나 해외 작곡가들이 참여한 곡들도 많고요. 결과론적인 얘기지만, 우리가 미국이나 해외 대중에게 맞추려고 했다기보다는 우리 나름대로 하나하나 쌓아왔던 것들이 어느 순간 강력한 한 방으로 터졌다고 생각해요. 결국 전 세계의 대중이 K-POP의 매력에 스며들게 된 거죠.

편 BTS를 넘어서는 가수가 나올까요?

서 저도 BTS 정도의 영향력이 있는 가수가 또 나올지는 모르겠어요. 하지만 어느 정도 비슷한 앨범 판매량을 보여주는 팀들은 이미 나오고 있어요. 스트레이 키즈나 세븐틴, NCT 같은 팀들은 이미 앨범 판매량이 어마어마하거든요. JYP 소속인 스트레이 키즈는 최근에 앨범 판매량이 400만 장 정도 됐다고 알고 있어요. BTS가 미국 시장에 K-POP의 문을 열었기 때문에 이후에 다른 팀들의 진입이 더 쉬워진 것도 사실이에요. 미국은 10대와 20대의 아시아계 인구 비율이 점점 높아지고 있는데, 그 세대들이 이미 K-POP을 좋아하고, 앞으로도 K-POP을 좋아할 가능성이 크죠. 백인이나 라틴계 청소년들도 기성세대들보다 K-POP에 대한 친밀감이 커서 당분간은 지금 같은 인기가 지속될 것 같아요. 그리고 기획사들이 이미 동시다발적으로 현지화를 하고 있어요. JYP와 하이브가 먼저 시작했는데요. 기존에는 한국 멤버와 아시아계 멤버가 한국어로 노래를 불렀다면, 지금은 미국에서 여러 인종이 영어로 부르는 완전히 현지화된 K-POP 아이돌 그룹을 론칭한 거죠. 이런 시도가 계속된다면 K-POP은 계속 발전할 거로 생각해요.

편 K-POP의 영향력이 굉장하네요.

서 제가 알기로 지금 전 세계의 음악 시장에서 가장 큰 회사가 하이브예요. 그 정도로 큰 매출을 낼 수 있는 회사가 아마 없을 거예요. 미국의 기획사들은 우리나라의 기획사들과 특징이 좀 달라요. 우리나라의 기획사가 어린 나이 때부터 아티스트들을 발굴하고 트레이닝하고 프로듀싱하고 매니지먼트까지 하는 구조라면, 미국의 회사들은 개별적으로 활동하고, 이미 재능 있는 가수들을 발굴해서 매니지먼트를 지원하는 개념이에요. 그런 시스템적인 차이에서 오는 수익구조의 차이가 큰 것 같아요.

한국어 가사가 명확하게 의미 전달이 될까요?

편 K-POP의 복잡한 가사들이 다른 나라 사람들에게도 명확하게 전달이 될까요?

서 BTS를 예로 말씀드릴게요. 미국 빌보드는 앨범 차트와 싱글 차트가 있어요. 앨범은 앨범 판매량, 싱글은 그 곡의 순위인데, 저희가 소위 말하는 빌보드는 싱글 차트예요. BTS가 「다이너마이트」라는 노래로 싱글 차트에서 1위를 하기 전에도, 이미 앨범 차트에서는 1위를 하고 있었어요. 그런데 싱글 차트에서는 1위를 못 하는 거예요. 왜냐하면 K-POP 노래들이 퍼포먼스 위주고, 가사도 영어가 아니라서 미국인들이 듣기에 친숙하지 않았던 거 같아요. 그래서 백 퍼센트 영어로 된 노래를 처음 만들어서 부른 게 「다이너마이트」죠.

그런데 재미있는 사실은 그 노래가 빌보드 싱글 차트에서 1위를 했지만, 해외의 BTS 골수팬들은 오히려 반응이 엇갈렸다고 해요. 오래된 팬들은 한국어로 된 가사를 일일이 찾아보고, 해석하는 과정도 좋아했던 거죠. 그리고 백 퍼센트 영어로 된 가사는 영어권 팬들이 듣기에는 오히려 매력이 떨어졌던 거 같아요. BTS의 노랫말들은 특유의 주제성과 감수성이 미국 음악의 가사와는 다른 매력이 있었는데, 그런 것들이 조금은 반감되었던 거죠. 물론 한 편으로 백 퍼센트 영어로 된 가사의 영향 때문에 「다이너마이트」라는 곡이 오랜 기간 빌보트 차트에서 히트를 한 부분도 있다고 생각해요. 영어가 일상인 사람들에게 다른 나라의 언어가 주는 거부감은 분명히 있거든요. 결론적으로 「다이너마이트」의 전략은 미국 내에서 팬층을 확대하는 데 좋은 전략이었던 것 같아요. 골수팬들에게는 조금은 아쉬운 부분도 있었겠지만요.

그리고 가사와 관련해서 재미있는 부분이 있는데, K-POP 가사는 미국 음악에 비해서 건전해요. 미국은 힙합 문화가 시장의 주류였기 때문에 가사에 성에 대한 표현, 약물, 욕설이 많거든요. 그런데 K-POP의 건전한 가사를 보고 미국의 학부모들도 놀란 거예요. BTS가 '러브 유어 셀프' 같은 메시지를 항상 강조하잖아요. 청소년들이 이런 가사를 들으면 감성을 키우기에도 너무 좋고, 자기 자신과 세계에 대해 긍정적인 생각을 갖게 되죠. 그런 건전한 가사 때문에 오히려 차별화가 되어서 미국 내에서도 사람들이 더 좋아한다고 하더라고요.

좋은 K-POP은 어떤 노래일까요?

편 선생님이 생각하시기에 좋은 K-POP의 기준은 어떤 거라고 생각하세요?

서 우선 이 질문에 대한 대답에서의 K-POP은 아이돌 음악을 포함한 가요 전체를 포함한다는 말씀을 드릴게요. 개인적으로 좋은 K-POP은 공감할 수 있는 노래라고 생각해요. 모든 노래나 음악이 마찬가지인 것 같아요. 댄스 음악을 들으면 즐겁고 신나고 행복하고, 발라드나 잔잔한 노래를 들으면 위로를 받죠. 이러한 공감은 작곡가나 작사가, 프로듀서의 진정성 있는 창작 과정에서 나온다고 생각해요. 작곡가로서 말씀드리면, 저의 경험이나 생각을 통해 느낀 점들을 솔직하게 표현했을 때 대중들에게 더 큰 공감을 받는 거 같아요. 그리고 그 과정에는 아티스들과의 긴밀한 소통이 필요하고요. 한발 더 나아가 아티스들의 생각과 아이디어를 작품 속에 녹인다면, 더 진정성 있는 작품이 나오겠죠. 실제로 요즘 많은 아티스트들이 창작 과정에서 자기 생각과 아이디어들을 많이 포함하고 있고, 아예 프로듀싱을 스스로 하는 팀들도 많아지고 있어요. 많은 프로듀서가 아티스트와의 협업을 통해 진정성 있는 작품을 만들려고 노력하는 것 같아요.

찬빈, 이정현, 윤성, 케이타, 지훈, 승언

Festa 신사용. 기윤지호. 엔딩나는 그림

A.
박한빈) 매일 매일이 끝이 없는 미로 같아
알아 baby 반복은 없어 이 Drama
지윤서) You and I and tonight Ending 따윈 없잖아
지윤서+박한빈(All) 너와 나 연결될 시간 속에

케이타) Ya talking bout you
우리만의 축제를 열린다면 Hit and bounce
BOOM! 맞물어 Groove
상상 다음으로 Action we can go
한순간의 꿈이 아니야 흥을 주는 Everyday

B.
이정현) 잡아 나를 꽉 Roller coaster
계속 달려 Out of control 너의 리듬에 나를 맞춰
윤정현) 꿈과 현실의 그 경계선
번져가듯 서툴 비춰

C. (All: 박한빈,유승언,지윤서,케이타)
All) What you gonna do woo woo
박한빈) 보여줘 Do your dance
All) All I want is you woo woo
지윤서) 이 순간 Get a chance
유승언) 취울어진 함성 끝에 전율만이 가득해
Do your dance
박지후) Your dance your dance

All) Tell me what to do woo woo
이정현) 새겨줘 Deep inside
All) Make my wish come true woo woo
유승언) 둘만의 Roll the dice
윤정현) 우리 둘 사이 불꽃이 밤하늘을 채우지
Be my light
케이타) my light my light

EVNNE

A2.
박지후) Oh, 이 노랫 나의 Messenger (oh yeah)
될 거야 너의 Favorite song (yeah, yeah)
번쩍이는 매일에 특별한 a-day
나를 이슈 짓게 하는 Veteran
케이타) Dramatic한 Melody 채워진 나의 Battery
어디든 I'll go next to you
너도 알잖아 원해 ya It's you

B2.
윤정현) 위아 이 기분은 Like a monster
Everybody 소리 질러
지윤서) 세상의 정적을 다 깨워
이정현) 어둠을 속에 너를 깨워 멀리라도 갈 수 있어

C. Repeat

D. (All: 전 명버)
All) 다 불러 하루종일 Play this song
우리만이 아는 곳에 데려가 줘 baby
아무도 찾지 못한 내일로 우리만이 아는 행복
지윤서) 찾아 떠나 baby

C3. (All: 찬빈, 훈)
박지후) 다른 건 Let go oh oh
즐겨봐 Do your dance
케이타) 고민은 넣고 oh oh
시작된 Getaway

박한빈) 뜨거워진 열기 속에
짜릿한 널 느낄 때 Do your dance
박지후) Your dance your dance (ADL. 승언)

All) I'm so into you woo woo
이정현) 붕 떠봐 Hit the sky (Hit the sky)
All) Put your hands up too woo woo
유승언) 더 크게 Shout aloud (Shout aloud)
지윤서) 아주 완벽한 Timing 너를 향해 Feel the rush
Be my love
케이타) my love my love

[편] 앞으로도 K-POP이 계속 성장할까요? 어떻게 변할까요?

[서] 물론 BTS가 정점을 찍었지만, 세븐틴, 스트레이키즈, NCT 같은 팀들도 이미 앨범 판매량이 300~500만 장 정도 돼요. 이 정도는 국내 시장 안에서는 불가능한 숫자예요. 전 세계에 그 정도의 팬덤이 있다는 의미죠.

[편] 앨범은 CD를 말씀하시는 거죠?

[서] 네. 요즘은 CD를 거의 듣지 않고, 스트리밍을 많이 이용하는데요. 팬들이 음악을 듣는 용도가 아니라 굿즈 개념으로 사더라고요. 그 안에 사진첩이나 화보도 있으니까요. 그리고 팬들의 충성도도 보여줄 수 있고요. CD는 한 장에 1~2만 원 정도로, 300만 장의 앨범이 팔리면 300억 원 이상이에요. 전 세계 팝 시장에서도 300만 장 이상 앨범을 팔 수 있는 가수가 많지 않아요. 왜냐하면 요즘은 음악을 스트리밍이나 유튜브로 들으면 되니까 굳이 앨범을 사지 않아도 되거든요. 그래서 충성도 높은 팬덤을 K-POP의 특징으로 보기도 해요. 이런 팬덤은 산업적으로 봤을 때 큰 장점이에요. 팬들이 앨범을 하나만 사는 게 아니라 여러 장씩 사기도 하고, 공연마다 여러 번

씩 오고, 해외 공연도 찾아와요. 높은 충성도를 가진 팬덤이 많이 생기면 산업적으로나 경제적으로 큰 효과를 거둘 수 있어요. 이러한 특징들 때문에 K-POP의 성장은 당분간은 지속될 것 같아요. 그리고 앞서 말씀드린 현지화 전략들이 성공적으로 안착한다면, K-POP의 성장은 더 커질 수도 있겠죠.

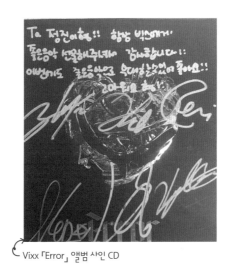

Vixx 「Error」 앨범 사인 CD

K-POP
작곡가의 세계

편 K-POP 작곡에 대해서 구체적으로 들어보겠습니다. K-POP이 탄생하는 과정에 대해서 말씀해 주세요.

서 K-POP은 넓게는 한국의 대중음악을 의미하지만, 좁게는 아이돌 중심의 음악을 의미한다고 생각해요. 제가 K-POP 아이돌 음악도 많이 작곡하지만, 거기에만 국한되지는 않아요. 발라드나 드라마 OST 등 어쿠스틱 계열의 음악도 계속 작업하고 있죠.

발라드 작곡 과정

발라드곡을 만들 때는 메인이 되는 악기가 있는 게 좋아요. 보통 피아노나 기타를 많이 사용하는데, 저는 피아노로 코드Chord를 먼저 만들어요. 클래식과는 조금 다른 개념인데요. 처음에 멜로디를 만드는 게 아니라, 그 멜로디의 바탕이 되는 일종의 화성을 만들고 그다음에 어울리는 화성을 또 이어가고, 계속 이어가는 식이에요. 그렇게 어울리는 화성(코드)의 진행을 먼저 만들고, 그 안에서 멜로디를 만들죠. 같은 멜로디여도 어떤 코드냐에 따라서 음악이 다르게 느껴지거든요. 쉽게 말씀드리

개인 작업실 모습

면 장조는 밝은 느낌, 단조는 슬픈 느낌이 나요. 그렇게 멜로디를 만든 후에 가사를 써요. 만약 가사가 먼저 나온 경우는, 가사에 맞게 멜로디를 만들기도 하고요. 이렇게 전체 곡이 나오면, 그다음에 편곡이 필요해요. 편곡할 때는 악기 하나만 사용하는 경우도 있지만, 많은 경우 기타, 베이스, 드럼이 들어가고 때로는 거기에 바이올린, 첼로, 브라스 같은 관현악 악기들이 들어가기도 해요. 이러한 방식이 발라드나 어쿠스틱 음악에서 많이 쓰이는 작곡과 편곡 방식이에요.

댄스곡 작곡 과정

요즘 K-POP의 중심이 되는 댄스 음악은 대부분 반주를 먼저 만들어요. 반주는 흔히 트랙이라고 하는데요. 〈쇼미더머니〉 같은 힙합 프로그램에서 "비트 주세요." 이런 말 많이 하잖아요. 거기서 말하는 '비트'가 일종의 간단한 트랙이라고 할 수 있어요. 힙합에서의 비트는 댄스 음악에서의 트랙보다는 조금 더 심플한 형태이고, 드럼과 같은 리듬이 주가 되는 작업물이라고 할 수 있죠. 이러한 비트 위에 신시사이저나 다양한 악기들이 추가되고, 송폼song form. 곡의 전체적인 구조도 복잡해지면서 트랙이 완성되는 거예요. 발라드는 멜로디나 가사를 먼저 만든 다음에 반주를 만들지만, 댄스 음악은 트랙을 먼저 만들고 거기에 드럼이나 전자 악기들, 신시사이저나 전자 베이스, 전자 기타 같은 악기를 추가하죠. 왜냐하면 아이돌 스타일의 댄스 음악은 다른 장르에 비해서 퍼포먼스가 주가 되기 때문에 멜로디보다는 비트나 사운드가 중심이 되는 경우가 많거든요. 그래서 댄스 음악은 트랙을 먼저 만든 후에 노래를 부를 수 있는 탑 라인을 만드는 경우가 대부분이죠. 탑 라인도 기존 가요계에는 잘 없던 개념인데, 예전에 발라드 장르에서 우리가 멜로디라고 부르던 보컬 파트를 요즘 아이돌 스타일의 댄스 음악에서는 탑 라인이라고 불러요. 탑 라인은 주로 탑 라이너라고 하는 전문 보컬들이 트랙을 듣고 만들고요. 이렇게 트랙과 탑 라인이 합해져서 노래가 만들어지죠. 트랙을 만드는 사람을 트랙커라고 하는데, 댄스 음악은 트랙커와 탑 라이너가 철저히 분업하는 방식으로 제작되고 있지만, 발라드 음악은 트랙커와 탑 라이너가 뚜렷하게 나누어져 있지 않아요. K-POP 작곡의 방식은 이렇게 크게 두 가지로 볼 수 있고, 다른 장르들은 이런 방식들이 조금씩 섞여 있다고 할 수 있어요.

편 댄스 음악을 만드는 과정이 완전히 다르네요.

서 저도 이런 작업 방식이 처음에는 적응하기 어려웠어요. 예전에는 멜로디를 만들고 편곡을 한 후 가이드 녹음을 해서 가수에게 들려줬다면, 이제는 트랙을 만들어서 탑 라이너에게 보내면 보컬 부분이 만들어지고, 데모가 완성되는 방식으로 크게 변했어요.

2017년 핀란드 송캠프 트랙 메이킹 현장

편 악보가 없어도 되나요?

서 상황에 따라서 달라요. 악보를 완벽하게 다 그리는 작곡가들도 있는데, 기타나 드럼과 같은 악기를 녹음할 때 대부분 음표가 그려져 있는 완벽한 악보가 아닌 코드와 송폼이 표기되어 있는 코드 악보를 보고 연주해요. 코드는 대중음악에서 가장 기본적인 형태의 체계라고 할 수 있어요. 그래서 대중음악을 제일 처음 접할 때 코드를 먼저 배우는 경우가 많죠. 그리고 또 가이드 데모가 있기 때문에 연주인들은 악보 없이 데모를 듣고 참고해서 연주해요.

편 그럼, 가수들은 악보 없이 노래를 하나요?

서 네. 가수들 또한 대부분의 경우 가이드 보컬이 녹음한 데모를 듣고 연습해 와요. 사실 대중음악 프로듀싱 과정에서 가장 중요한 것이 바로 이 데모입니다. 작곡가가 최우선으로 잘 만들어야 하는 것도 데모라고 할 수 있어요. 모든 것은 데모에서 시작하니까요. 데모의 퀄리티에 따라 노래가 팔리기도 하고, 안 팔리기도 하거든요. 그리고 아이돌 가수들의 경우 모든 멤버가 노래에 능숙하지 않기 때문에, 최대한 데모를 잘 만들고, 그것과 가깝게 보컬 디렉팅을 해서 좋은 결과물을 만드는 것이 중요해요. 요즘은 외국 작가들의 데모도 많기 때문에 외국어로 된 데모를 한국말로 바꾸는 과정에서 보컬 디렉팅이 더욱더 중요시되고 있죠.

편　가수나 기획사는 곡을 어떻게 선택하나요?

서　보통은 가수와 기획사가 같이 선택하는 것이 일반적이에요. 그런데 차이가 좀 있는 게 데뷔한 지 얼마 안 된 경우에는 기획사에서 정한 콘셉트나 방향을 따라가는 경우가 많고, 연차가 좀 쌓이면 곡을 선택할 때 아티스트들의 의견도 많이 반영되는 걸로 알고 있어요. 아무튼 아티스트와 회사가 협의한 콘셉트나 팀 색깔에 맞게 작곡가에게 곡을 의뢰해요. 이런 것을 업계에서는 '리드'라고 하는데요. 작곡가에게 리드를 주면 거기에 맞게 곡 작업을 해서 데모를 보내고, 아티스트와 회사가 같이 협의해서 곡을 선택하는 시스템이에요. 이 과정과 시스템이 점점 더 고도화되고 있는 것 같아요. 특히 아이돌이 속한 기획사들의 규모가 커지고, 대부분의 아이돌 그룹이 세계 시장에 진출하게 되면서, 기획사로 전 세계에서 일주일에 몇천 곡씩의 데모곡이 들어온다고 들었어요. 실제 해외 유명 작곡가들의 곡들도 많이 들어오고, 국내 작곡가들의 데모도 많고, 국내외 작가가 협업하는 경우도 많고요. 그러면서 국내외의 수많은 곡을 수집하고, 기획사에 데모를 보내는 퍼블리싱 개념의 회사들도 많아지고 있어요.

편 작업료는 어떻게 되나요? 작곡가 입장에서 자신의 곡이 선택받지 못하면 작업료는 없는 건가요?

서 곡에 대한 작업료는 크게 두 가지로 볼 수 있는데, 하나는 곡비예요. 곡이 팔리면 해당 기획사로부터 곡비를 받고, 팔리지 않으면 못 받아요. 그리고 작곡가의 두 번째 수익은 저작권료예요. 저작권료는 일종의 로열티인데, 어떤 노래를 상업적인 용도로 사용할 때 그 곡의 저작자(작사가, 작곡가, 편곡가)에게 일정 금액의 사용료가 지급되는 거죠. 앨범이나 음원 판매, 노래방, 스트리밍, 유튜브, 라디오, 방송이나 드라마 등에서 곡이 사용된 경우, 저작권협회에서 음원 사용에 관한 정보를 수집, 징수해서 입금해 주는 방식이에요. 저작권료는 곡이 얼마나 많이 사용되느냐에 비례해서 책정되는데, 히트곡일수록 저작권료는 커진다고 할 수 있어요. 예를 들어 전 세계 캐럴 중에서 제일 유명한 머라이어 캐리의 〈All I Want for Christmas Is You〉라는 곡은 발표된 지 30년 정도 된 노래인데, 해마다 크리스마스 시즌이 다가오면 빌보드 차트 1위에 오를 정도로 전 세계적으로 사랑받는 곡이죠. 이 곡 같은 경우에 지금까지 발생한 저작권료가 거의 천억 원 정도 된다고 해요. 앞으로도 12

월이 오면 이 노래가 전 세계에 울려 퍼질 것이라고 예상하면, 저작권 수익은 더 커지게 되겠죠. 반면에 히트하지 못한 노래들은 저작권료가 거의 없다고 보면 돼요. 매일매일 수많은 신곡이 나오는 상황이기 때문에 저작권료의 빈부 격차는 심해지고 있는 게 현실이에요.

편 K-POP과 관련된 다양한 직업군에는 어떤 게 있을까요?

서 기본적으로 작곡가, 작사가, 편곡가, 연주해 주시는 세션맨, 녹음하고 믹싱Mixing이나 마스터링Mastering 같은 후반 작업을 하는 엔지니어, 요즘 주목받고 있는 안무가나 댄서들도 K-POP과 관련된 직업군이라고 볼 수 있을 것 같아요. 그리고 기획사 내부에 소속되어 있는 매니저, 아티스트에게 맞는 곡을 수집하고 기획하는 A&RArtist and Repertoire, 앨범 기획자, 홍보 담당자 등 정말 많은 직업이 있어요. 또 요즘은 영상을 만드는 뮤직비디오 감독도 K-POP과 관련된 중요한 업종인 것 같아요. 몇 가지 직업군에 대해 설명해 드릴게요.

세션맨은 기타, 베이스, 피아노, 드럼, 바이올린, 비올라, 첼로 등의 리얼 악기를 연주해 주는 직업이에요. 앨범 녹음 때와 라이브 공연에서 세션맨들의 역할이 필요하죠. 믹싱 작업은 음악 프로듀싱 과정에서 매우 중요한 후반 작업인데, 작곡가와 편곡가들이 만들어 낸 트랙의 사운드를 밸런스 있게 조율하는 일이에요. 쉽게 말하면 하나의 완성된 노래는 드럼, 베이스, 신시사이저, 기타, 피아노 등 수많은 악기와 소스 그리고

Mixing Room의 모습

가수의 보컬들이 섞여 있는 상태인데, 이것들을 가장 듣기 좋은 상태의 사운드로 만드는 일을 믹싱이라고 해요. 믹싱이 잘된 음악은 대중들이 스피커나 이어폰으로 들었을 때 좋다고 느낄 가능성이 매우 높죠. 마스터링은 최후반 작업인데, 믹싱에서 부족한 부분들을 보충하고 볼륨을 조금 더 크게 만드는 일이에요. CD나 음원 사이트의 경우 노래마다 허용된 일정량의 볼륨 양이 있는데, 그것에 맞게 볼륨을 조절하는 역할도 하죠. 볼륨의 차이가 너무 크면 듣기에 불편함을 느낄 수 있거든요.

편 작곡가는 어떤 협업을 하나요?

서 기본적으로 작곡을 혼자 하는 사람도 있지만, 요즘은 다른 작곡가와 협업하는 경우가 훨씬 많아지고 있어요. 특히 아이돌 스타일의 노래들은 기본적으로 트랙커와 탑 라이너가 필요하기 때문에 최소 두 명 이상이 필요하다고 할 수 있어요. K-POP이 급속히 발전함에 따라 각 파트의 전문가들이 세부적으로 분업을 하는 추세죠. 트랙커들도 두세 명이 분업하는 경우가 많고, 탑 라인 작업도 랩 파트와 보컬 파트 등 여러 명이 작업을 하는 경우가 많아요. 아예 여러 명이 팀을 결성해서 작업하는 경우도 많고요. 그리고 때에 따라 작사가, 연주인, 전문 가이드 보컬과 협업을 하기도 하죠.

2017년 LA 송캠프 단체 사진

편　작곡할 때 사용하는 장비나 프로그램이 있나요?

서　다른 분야도 마찬가지겠지만, 요즘은 거의 컴퓨터로 이뤄져요. 작곡은 피아노나 악기만 있어도 할 수 있지만, 그 곡의 틀을 만들고 편곡할 땐 결국 컴퓨터로 해야 해서 성능이 좋은 컴퓨터를 사용하고 있어요. 그리고 미디^{Midi}라고 해서 컴퓨터 음악의 기본이 되는 규약 같은 것이 있고요. 미디는 전자악기가 상용화되면서 각 전자악기 사이에 통신을 원활하게 하기 위해 만들어진 표준 규약이에요. 컴퓨터 음악을 보통 미디 음악이라고 하는데, 미디 음악 장비에는 컴퓨터, 오디오 인터페이스(오디오 입출력 장치), DAW(미디 작업과 오디오 작업이 가능한 소프트웨어), 마스터 건반 등이 있고, 여기에 모니터 스피커, 마이크 등을 연결해 작곡 작업을 하게 되죠. 여기에서 DAW가 특히 중요한데, DAW는 컴퓨터 음악 작업을 전문적으로 하기 위한 프로그램이에요. 가라지 밴드 같은 것도 일종의 DAW라고 생각하면 돼요. 대표적인 DAW로는 큐베이스, 로직, 에이블톤 라이브, 프로툴 등이 있는데 이 프로그램 안에서 작곡, 편곡, 보컬 녹음, 믹싱, 마스터링 등 음악 작업의 모든 것을 할 수 있어요.

에이블톤 라이브를 이용한 작업 모습

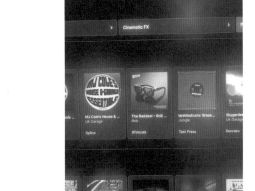

Splice 사이트

편 음악을 몰라도 작곡을 할 수 있을까요?

서 가능한 것 같아요. 예전에는 작곡하려면 악기를 배우고, 화성학을 공부하는 게 기본이었는데요. 요즘은 화성학은 모르지만, 미디를 하는 경우도 꽤 많이 있어요. 그리고 힙합 음악 같은 경우는 비트가 기본이 되기 때문에 기본적으로 화성 악기들보다는 샘플 위주의 작업을 하는 경우가 많은 거 같아요. 그래서 미디를 할 줄 알면 악기를 직접 다루지 못해도 샘플을 이용해 비트를 만들 수 있어요. 실제로 그렇게 만들어지는 곡들이 있고, 크게 히트하기도 하고요. 샘플을 쉽게 설명해 드리면, 드럼이나 각종 악기의 음이나 코드 등을 만들어 짧은 형태로 만들어놓은 것들인데, 스플라이스^{Splice}라는 사이트가 대표적인 샘플 사이트예요. 스플라이스를 구독하면 작곡할 때 수많은 음악 샘플을 사용할 수 있어요. 요즘은 샘플만 잘 이용해도 음악을 만들 수 있는 시대고, 샘플 사용은 핵심적인 작곡 방식이 되었죠.

편 작곡의 방식도 최첨단이 되어가고 있네요.

편 작곡할 때 가장 중점을 두는 건 무엇인가요?

서 저는 메시지가 명확하면 좋다고 생각해요. 우선은 상업 작곡가니까 회사에서 요구하는 리드에 맞게 앨범의 콘셉트나 아티스트의 색깔에 맞춰서 곡을 만드는 것이 가장 중요해요. 그리고 그 안에서 대중들이 공감할 수 있는 메시지를 넣는 것도 중요하고요. 싱어송라이터나 인디 뮤지션의 경우는 남에게 곡을 파는 것이 아니라 자신이 부르고 싶은 곡을 만들기 때문에 메시지 부분이 더 중요한 것 같아요. 아무래도 자기 생각이나 담고 싶은 의미를 표현하면서 어떻게 공감을 끌어낼 수 있는지가 더 중요하겠죠.

그리고 그런 음악적 공감은 작곡가의 솔직함에서 나오는 것 같아요. 자기 경험이나 원하는 것, 또는 공감할 수 있는 내용을 솔직하게 곡으로 만들었을 때, 많은 사람이 좋아해 주더라고요. 작곡가나 작사가는 그런 특별한 순간들, 즉 타인과 공유하고 싶은 어떤 순간에 나 자신의 특별한 감정을 순간적으로 잘 포착할 수 있어야 해요. 또, 사람이 무한대로 경험할 수 있는 것은 아니니까 책이나 영화를 볼 때, 혹은 일상생활에서 순간순간 떠오르는 것을 잘 가지고 있어야 해요. 자신이 가지고 있는 것들을 잘 풀어서 메시지가 명확한 곡을 만들면 좋은 곡을 쓸 가능성이 높아지는 것 같아요. 그다음에 중요한 것은 디테일한 마무리죠. 가사도 중요하고, 곡에 맞게 편곡하는 것, 어울리는 소스나 사운드를 만드는 것도 다 중요해요. 노래에서 가사나 멜로디 같은 직접적인 표현 방식도 중요하지만, 사운드와 같은 질감도 감정이나 느낌을 표현하는 데 매우 중요한 요소라고 할 수 있어요.

편 작곡가들이 많이 사용하는 용어가 궁금해요.

서 코드 두 개 이상의 높이가 다른 음정이 동시에 울릴 때의 합성음 **예** C, D minor, F major 7 등

가이드 데모 상태에서 가수가 따라 부르기 쉽게 미리 불러 놓은 노래

트랙 드럼 신시사이저와 같은 각종 악기가 쌓여서 만들어 진 보컬이 없는 상태의 반주

탑 라이너 트랙 위에 보컬 멜로디 라인을 만드는 사람

A&R 곡 수집, 녹음 과정 보조 등 음반 프로듀싱 과정의 전반적인 실무 담당

DAW 큐베이스, 로직, 에이블톤 라이브 등의 미디와 작곡 녹음을 할 수 있는 컴퓨터 프로그램

송폼 Verse, Pre-Chorus, Chorus 등으로 이루어진 곡의 구조

Verse 인트로 후에 나오는 곡의 도입부

Pre-Chorus Verse와 Chorus 사이에 나오는 빌드업 부분

Chorus 노래에서 반복적으로 나오는 메인 테마

리드 기획사에서 작곡가나 퍼블리싱 회사에 보내는 앨범 에 관한 콘셉트와 방향성을 담은 문서

편 선생님 곡 중에 가장 사랑받았던 건 어떤 곡인가요?

서 겨울 시즌 송으로 2012년에 젤리피쉬 엔터테인먼트에서 만든 「크리스마스니까」라는 노래가 있어요. 성시경, 박효신, 이석훈, 서인국, VIXX(빅스)가 같이 부른 노래죠. 흔히 말하는 겨울 연금처럼 매해 크리스마스가 되면 아직도 사랑받고 있는 곡이에요. 그리고 아이유의 「있잖아」라는 노래는 당시에 서브 타이틀곡으로 활동했지만, 「좋은 날」 이전 곡이라 대중적으로 크게 사랑받진 못했는데요. 최근에 보니까 콘서트 때 관객들 가까이 가서 이벤트를 하면서 이 곡을 많이 부르더라고요. 시간이 꽤 지났지만, 가수나 팬들이 모두 좋아해 주니까 보람이 있죠. 그리고 편곡한 곡 중에 〈응답하라 1994〉에서 성시경이 불렀던 「너에게」라는 곡이 있어요. 서태지와 아이들의 원곡도 너무 좋지만, 편곡이 잘 된 거 같아요. 곡 발표 후 선배나 동료 작곡가들에게 칭찬을 많이 받았던 기억이 나네요.

편 저도 그 드라마를 봤는데, 전체적인 분위기에도 어울리고 너무 아름다웠어요. 그런 OST는 부를 가수가 정해져 있나요?

네. 대부분은 가수를 염두에 놓고 편곡 의뢰가 들어와요. 그리고 서태지와 아이들의 곡 중에서 최초로 리메이크된 곡이라고 알고 있어요. 그래서 더 의미 있는 작업이었죠. 처음에 저희 프로필을 원작자인 서태지 선배님께 보내서 확인을 거친 후, 편곡에 들어갔어요. 결과도 잘 나오고 대중들에게 사랑도 많이 받아서 너무 보람 있는 작업이었어요.

2023년 12월 멜론 실시간 차트

〈응답하라 1994〉 OST 「너에게」 크레디트

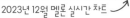

편 작업이 잘 됐다고 생각했는데, 반응이 생각보다 안 좋았던 경험도 있을 것 같아요.

서 그런 경우는 셀 수 없이 많아요. 제가 작사, 편곡까지 포함해서 저작권협회에 등록된 게 400곡 정도 되거든요. 그중에서 당시에는 히트했지만, 금방 잊히는 경우도 있고, 제가 생각하기에는 너무 좋은데 사랑받지 못한 곡들도 많아요. 그런데 시간이 지나서 다시 들어보면, 성적과 별개로 '이 곡은 이렇게 했으면 더 좋았을 텐데' 하고 제 개인적으로 아쉬운 부분들도 많은 것 같아요. 한 번 나온 노래는 영원히 남기 때문에 아쉬움이 크죠. 그래서 작곡 커리어가 쌓일수록 마지막까지 디테일한 작업을 더 열심히 해야 한다는 걸 느껴요. 시간이 쌓이고, 조금씩 성장하면서 되돌아보니까 어떤 게 부족했는지 알게 된 거죠.

편 작곡가가 되길 잘했다고 느끼는 순간이 언제인가요?

서 제가 만든 곡을 가창력이 뛰어난 유명한 가수가 불러서 세상에 나왔을 때죠. 많은 사람이 제 곡을 들어줄 때 가장 보람을 느껴요. 노래를 잘하는 가수들이 정말 많은데요, 같은 노래라도 부르는 사람에 따라 느낌이 많이 달라지죠. 그런데 노래를 잘하는 가수가 내 노래를 부르고, 그 곡이 방송이나 라디오에 나오면 기분이 너무 좋더라고요. 곡에 대한 평가가 좋을 때도 작곡하길 잘했다는 생각이 들고요. 시간이 지나서 역주행하는 경우도 가끔 있지만, 요즘은 노래가 나오자마자 실시간으로 결과가 나오거든요. 좋은 반응이 바로 나오면 기분이 정말 좋죠. 물론 곡이 역주행해서 반응이 생기는 것도 너무 기쁜 일이고요. 오랜 시간 대중들에게 사랑받는 소위 히트곡을 가지는 것은 모든 작곡가의 꿈일 거예요.

그리고 시간이 지나서 제 음악에 제가 위로를 받을 때도 있어요. 사실 작업하면서 수백 번, 수천 번을 들으니까 막상 곡이 나오는 바로 그 시기에는 잘 안 듣게 되거든요. 그리고 시간이 조금 지나면 다시 들어보는 경우가 많은데요. 곡을 쓸 때,

제 감정의 한 부분을 곡으로 승화시킨 경우도 종종 있으니까 '이 곡을 만들 때 나는 이랬구나.' 하는 생각이 들면서 저 스스로 위로가 될 때도 있어요. 그리고 아무리 열심히 만들어도 곡이 다 팔리는 건 아니거든요. 그렇게 세상에 나가지 못하고 제가 가지고 있는 데모 곡들도 가끔 들어요. 재밌는 점은 그렇게 만들고 나서 몇 년 후에 주인을 찾아서 잘되는 곡들도 꽤 있어요. 여러 가수한테 데모가 갔지만, 선택이 안 되고 시간이 한참 지나서 다른 가수가 불렀는데 잘되는 케이스죠. 성시경의 「거리에서」라는 곡도 그런 경우로 알고 있어요. 그래서 다들 노래의 주인은 따로 있다고 이야기하곤 해요. 작곡가는 곡이 잘 안 팔릴 때 일희일비하지 않는 것이 중요한 것 같아요.

편 노래가 살아 움직이는 것 같네요.

편 작곡가의 일과는 어떻게 되나요?

서 작업할 때와 본 녹음할 때 크게 두 가지로 나눌 수 있는데요. 작업 과정은 우선 곡의 리드를 분석해서 트랙을 만들어요. 이 과정은 짧게는 몇 시간 길게는 며칠이 걸리기도 하는데, 특히 댄스 트랙을 만들 때는 가장 기본이 되는 핵심 과정이에요. 트랙이 완성되면 탑 라인을 만들어야 하는데, 제가 직접 만드는 경우도 있고, 탑 라이너에게 트랙을 보내서 만드는 경우도 있어요. 탑 라인까지 완성되면 믹싱, 마스터링해서 최종적으로 기획사에 보낼 데모를 완성해요.

두 번째는 곡이 팔리고 나서의 과정이에요. 우선 가사를 완성하고 편곡도 디테일하게 수정해서 완성하면 실제 가수들과 만나서 보컬 녹음을 해요. 이 과정에서 작곡가가 녹음실에서 직접 가수를 만나 디렉팅을 하기도 하고, 때로는 전문 보컬 디렉터가 오기도 하는데, 대부분 작곡가는 현장에 참여해서 아이디어를 나누죠. 보컬 녹음 과정은 매우 중요하고 어려운 과정이라 7~8시간 이상 걸리는 작업이에요. 때로는 하루에 완성하지 못하고 며칠간 수정 녹음을 하는 경우도 많고요. 보컬 녹음의 결과에 따라 곡의 최종 퀄리티가 결정되는 경우가 많죠.

보컬 녹음이 끝나면 믹싱 마스터링 등 후반 작업인데, 이 과정은 믹싱 엔지니어나 마스터링 엔지니어들과 같은 전문가들이 맡아서 해요. 하지만 이 과정 역시 수많은 변수가 생기는 만만치 않은 작업이라 계속해서 수정을 반복하는 예민한 과정이에요. 여기까지 하면 일반적으로 작곡가의 일은 끝이 나죠.

편 실제로 작곡할 때 시간은 얼마나 걸리나요?

서 곡마다 다른 것 같아요. 몇 날 며칠을 고민해도 안 나올 때도 있고, 영감이 떠올라서 30분도 안 돼서 다 써지는 곡도 있어요. 그런데 작곡을 하면 할수록 곡이 금방 나와도 검토하는 시간이 점점 더 길어지는 것 같아요. 곡이 더 좋아질 방법에 대한 고민이 늘어나니까요. 그리고 이후에 편곡, 녹음, 후반 작업에도 시간이 오래 걸려요. 편곡은 한번 시작하면 기본 7~8시간은 앉아 있는 것 같아요. 더 길게 할 때도 있고요. 보컬 녹음도 아이돌 그룹 멤버들의 숫자가 많으니까 따로 녹음하면 최소 7~8시간 이상 걸리거든요. 예전에는 작곡가들이 거의 다 직접 디렉팅을 했었는데, 최근에 아이돌 그룹들은 전문 디렉터가 있어서 그 일을 대신하기도 해요. 솔로 가수는 자신만의 스타일이 확고하니까 작곡가와 소통하면서 녹음하면 되는데, 아이돌 그룹은 가창부터 세세하게 디렉팅을 줘야 하는 경우가 많아서 전문 디렉터가 그 역할을 하는 거죠. 노래 한 곡이 나오려면 긴 시간이 필요해요.

편 영향을 많이 받은 인물이 있을까요?

서 저는 어려서부터 음악을 좋아해서 자연스럽게 작곡을 시작했어요. 해외에는 스티비 원더나 비틀스, 국내에는 김현철, 유재하, 김동률 같은 뮤지션을 좋아해서 그 음악을 정말 많이 들었고, 들은 만큼 그분들의 영향을 많이 받았어요. 그래서 작곡하다 보면 그런 느낌의 곡들을 만들게 되더라고요. 이제는 상업 작곡가가 됐기 때문에 유행하는 음악들을 일부러 찾아서 듣고, 주변 동료 작곡가들의 곡이나 해외에서 인기 있는 음악들도 많이 듣는 편이에요. 그런 음악이나 뮤지션의 영향을 많이 받고 있죠. 저희는 계속해서 트렌드에 맞게 곡을 써야 하는 경우가 많기 때문에 그래야만 한다고 생각해요. 저스틴 비버, 위켄드, 찰리 푸스 같은 음악은 지금 시대에 대표적인 팝 음악이고, 작곡가 입장에서 볼 때 팝의 교과서라고 할 수 있어요.

K-POP 작곡가는 곡을 쓸 때 상업적인 측면, 즉 대중적인 측면이 중요하지만, 동시에 필요한 것이 예술성이라고 생각해요. 지나치게 대중성만 생각하거나 유행하는 음악을 따라가면, 요즘같이 음악이 흔한 시대에는 금방 잊히기 쉬운 것 같아요. 늘 새로운 것을 좋아하는 대중들도 트렌디한 음악을 좋아하지만,

너무 흔해지면 금방 싫증을 내거든요. 그래서 팝 음악을 작곡하는 저희와 같은 작곡가들은 장르의 특성, 예술성, 대중성까지 골고루 생각하면서 음악을 만들어야 하죠. 그러한 요소들을 적절하게 배분해서 정교하게 음악을 만드는 것이 중요하다고 생각해요.

해외 작곡가 중에 이미 수십 년째 전 세계적인 히트곡들을 만들어 오고 있는 맥스 마틴과 같은 탑 프로듀서들이 예술성과 대중성 그리고 트렌디함과 전통적인 것들을 잘 배분해서 곡을 만드는 것 같아요. 그래서 저도 곡을 의뢰받으면, 탑 프로듀서들이 만든 최신곡들을 들으면서 많이 참고하는 편이에요. 하지만 일이 아닌, 그냥 음악을 들을 때는 앞에 말씀드렸던 스티비 원더나 데이비드 포스터처럼 제가 어렸을 때부터 좋아하던 곡들 위주로 듣기도 하죠.

편 이 직업의 최고 매력은 뭐라고 생각하세요?

서 음악뿐만 아니라, 예술 계통의 직업은 거의 마찬가지일 것 같은데요. 내가 좋아하는 일을 하고 있다는 거죠. 음악은 사람들의 삶에 늘 가까이에 있고, 대부분의 사람은 음악을 좋아하죠. 그런 일을 직업으로 삼아서 살아갈 수 있고, 노력한 만큼 돈도 벌 수 있잖아요. 작곡을 처음 시작할 때는 언제까지 이 일을 할 수 있을까 불안하기도 했어요. 저는 음악을 전공한 사람도 아니고, 좋아하는 마음 하나로 시작했거든요. 지금 20년 정도 해오고 있지만, 좋아하는 일을 하면서 예술적인 결과물로 스스로 위로받기도 하고, 다른 사람들을 위로하기도 하고, 메시지를 전달할 수도 있고, 또 거기에 따른 반응도 바로 알 수 있어서 참 좋아요. 이런 매력은 다른 직업에선 느끼기 어려울 것 같아요.

편 요즘 많은 학생이 콘텐츠 크리에이터가 되고 싶어 해요. 작곡가는 대표적인 크리에이터인 것 같아요.

서 그런 시대인가 봐요. 많은 학생이 자신만의 이야기로 세상과 소통하고 싶어 하는 것 같아요.

편 이 일을 그만두고 싶다고 느낀 적도 있나요?

서 힘들다고 생각한 적은 많았던 것 같은데, 그만두고 싶었던 적은 없었어요. 내가 만든 노래가 선택받지 못하거나, 나오더라도 반응이 좋지 않으면 실망감이 크거든요. 그럴 때 아주 힘들죠. 처음에 이 일을 시작할 때는 좀 서툴러도 느낌이 있으면 괜찮다고 생각했는데, 이제는 단순히 느낌만으로는 안 되고, 완성도가 있어야 한다는 생각을 많이 해요. 물론 예술에서 느낌은 너무 중요한 부분이지만요. 앞서 말씀드린 것처럼 크리에이터는 자기 생각과 느낌을 작품으로 세상과 소통하는 일이에요. 자신의 느낌을 효과적으로 잘 전달하기 위해 완성도와 디테일이 중요하다고 생각해요.

그리고 또 힘든 부분은 세상에는 새롭고 뛰어난 작곡가들이 너무 많다는 점이에요. 그들과는 다른 저만의 신선함이나 차별성을 가지기 위해 노력해야 하는 부분이 늘 힘든 것 같아요. 동료 작곡가의 뛰어난 노래를 들을 때, 나의 부족한 점이 크게 느껴지면 고민이 많아져요. 뭔가를 만들어내는 창작자의 입장인 분들은 다 비슷하게 느낄 것 같은데, 그때는 자신만의 장점과 자신만의 음악적 개성을 더 믿고 작업을 해나가야 하는 것 같아요.

편 어떤 사람이 이 직업을 가지면 좋을까요?

서 아무래도 크리에이터적인 기질, 예술가적 기질을 갖고 있는 사람이 좋을 것 같아요. 저는 창원에서 어린 시절을 보냈는데요. 아무래도 서울보다 문화적인 혜택을 많이 받지 못했어요. 그 시기에는 지금처럼 실용음악과도 많지 않았고요. 대부분 남자애는 컴퓨터 학원에 다니고, 여자애는 피아노 학원에 다녔는데, 저는 특이하게 피아노 학원에 다녔어요. 어떻게 보면 그게 작곡가로서의 시작이었던 것 같아요. 그렇게 학원에 다니면서 코드를 배웠죠.

대부분 악보를 보고 그대로 치는 클래식 피아노를 배우는데, 코드를 배우면 가요나 팝을 부를 때 반주를 할 수 있게 되거든요. 그렇게 하다 보니 대중가요의 작곡을 자연스럽게 접하게 됐어요. 그때가 초등학교 5~6학년 때였는데, 혼자 작곡도 해보고 중고등학교 때는 테이프에 녹음해서 앨범을 만들어 친구들이나 옆 여학교에 팔기도 했어요. 이런 기질이 있어야 하는 것 같아요. 제가 동경했던 신해철, 유희열, 김동률 같은 뮤지션들의 경우도 비슷했다고 들었어요. 얼마 전에 김현철 선배님과 대화를 나눴는데, 본인도 어렸을 때 아무도 안 시켰는데도 노래를 만들어서 사람들에게 들려줬다고 하더라고요. 뭔가를 만들어서 다른 사람들과 공유하길 좋아하는 사람들이 이 직업에 맞을 것 같아요. 자신의 메시지를 창작물로 만들어서 다른 사람들과 소통하고 싶어 하는 사람들이요.

↖ 포이트리 「이제 와 이런 얘기」 녹음 현장

마음 속 기억창고를 만드는
K-POP 작곡가

작곡에는 어떻게 메시지를 담을 수 있나요?

편 작사는 글이니까 메시지를 명확하게 담을 수 있는데, 작곡에는 어떻게 메시지를 담을 수 있나요?

서 음악에는 가요나, 가곡, 오페라 같은 가창 음악이 있고, 악기로만 이뤄지는 경음악이 있어요. 저는 가사가 없어도 메시지는 충분히 담을 수 있다고 생각해요. 우리가 베토벤의 「운명」을 들으면 강렬한 걸 느끼잖아요. 그리고 사람들이 영화를 볼 때 스토리에도 감동하지만, 음악도 큰 역할을 하거든요. 음악에는 사람의 감정이나 이야기의 감동을 더 크게 만들 수 있는 요소가 있어요. 음악만으로도 슬프고, 벅차고, 기쁘고, 행복하고, 흥미진진하고, 신비하고, 긴장되는 느낌을 다 전달할 수 있죠.

기술적으로는 음악의 스케일이나 화성, 멜로디, 리듬에 따라 전해줄 수 있는 여러 가지 감정들이 있는 것 같아요. 때로는 같은 곡이어도 편곡에 따라 다른 느낌을 줄 수도 있어요. 가사가 있는 음악일 경우 멜로디에 가사까지 얹어져서 그 전달력이 더 극대화되는 거죠. 메시지 전달에 있어서 가사도 중요하지만, 음악 자체가 전달하는 무드와 느낌도 매우 중요하다고 생각해요.

음악의 메시지에 관해 이야기를 나누다 보니까 여쭤보고 싶은 게 있는데요. 히사이시 조의 〈하울의 움직이는 성〉 OST 중에 「인생의 회전목마」라는 음악을 정말 좋아하는데, 그걸 어떻게 표현할지 어렵더라고요. 선생님은 그 음악의 메시지가 뭐라고 생각하세요?

서 저도 아주 예전에 그 영화를 봤는데요. 음악이 정말 유명하죠. 그 음악은 4분의 3박자 리듬을 가진 왈츠곡이면서 단조 음악이에요. 그리고 왈츠는 춤곡이라 특유의 리듬이 있죠. 즉 「인생의 회전목마」라는 곡은 단조의 왈츠곡인데, 단조라서 슬픈 느낌을 주지만 동시에 특유의 신나는 리듬이 있어서 마냥 슬픈 느낌은 아니라고 할 수 있어요. 영화에서도 주인공이 저주에 걸리지만, 계속 슬픔에 빠져 있기보다는 새롭게 떠나는 느낌, 모험이나 여행이 시작되어서 두려우면서도 설레는 느낌도 같이 주거든요. 영화의 내용은 잘 생각나지 않지만, 음악으로 그런 메시지를 주려고 했다고 생각해요.

작곡가 직업이 맞지 않는 사람도 있을 것 같은데요.

편 작곡가 직업이 맞지 않는 사람도 있을 것 같은데요.

서 기본적으로는 음악을 좋아하지 않으면 하기 힘들겠죠. 그리고 크리에이터적인 기질이 없어도 이 일을 하기 힘들어요. 예술 계통의 직업들이 대체로 그렇지만, 불안정한 직업이거든요. 그래서 안정적인 것을 추구하고, 안정되지 못하는 것들에 대해 두려움을 가진 사람들은 어려울 것 같아요. 저도 아버지가 선생님이셔서 안정적인 부분을 중요시하셨어요. 이 일을 좋아하니까 그런 부분을 많이 이겨냈지만, 불안정함에서 오는 힘든 부분은 늘 있는 것 같아요. 그리고 인내심도 있어야죠. 기다리는 시간이 필요하고, 견뎌야 해요. 그 시간을 감당하지 못하면 이 분야에서 성공하기 쉽지 않은 것 같아요.

편 작곡가의 직업병이 있을까요?

서 어디를 가더라도 음악이 나오면 거기에 집중하게 돼요. 그리고 새로운 아이디어나 신선한 것을 봤을 때는 꼭 메모해 놓는 습관이 있고요. 주로 장시간 앉아서 작업하니까 목이나, 허리, 팔목도 좋진 않아요. 그리고 개인차가 있지만, 꼭 밤이나 새벽에 작업하는 분들도 있어요. 저도 지금은 낮에 작업을 하지만, 처음 10여 년은 낮과 밤을 바꿔서 살았어요. 건강에 좋진 않더라고요.

편 귀나 청력은 괜찮으세요? 무리가 많이 될 것 같아요.

서 맞아요. 굉장히 신경 쓰는 편이에요. 가능하면 헤드폰이나 이어폰을 잘 안 쓰려고 하고요. 이어폰이나 헤드폰을 많이 쓰면 난청이 오기도 하거든요. 귀를 오래 쓰고 많이 쓰니까 노화도 빨리 오는 것 같아요. 꼭 헤드폰을 쓰지 않더라도 사운드 점검을 위해서 음악을 크게 들을 때가 워낙 많아서 늘 조심해요.

편 스트레스는 어떻게 해소하세요?

서 아이러니하지만, 음악을 들으면서 풀어요. 대신 최신 팝보다는 제가 예전부터 좋아했던 오래된 곡들이나 클래식 음악을 주로 들어요. 책을 보는 것도 좋아하고요. 최근에는 테니스를 치거나 운동도 하고 있어요.

편 주로 어떤 책을 보세요?

서 소설을 좋아해요. 그중에서 단편 소설을 많이 보는 편이에요. 이상문학상과 같은 문학상 작품집들을 연도별로 거의 보고 있고, 작품 중에 특히 마음에 드는 작가의 작품들은 따로 찾아서 보기도 해요. 문학 작품을 보면 가사를 쓸 때 도움이 많이 되거든요.

편 작곡가 직업에 대해 묘사한 인상적인 작품이 있을까요?

서 레이 찰스의 일대기를 그린 〈레이〉, 존 카니 감독의 〈원스〉, 〈비긴 어게인〉, 〈싱 스트리트〉라는 영화가 있어요. 〈원스〉는 음악인이 주인공인 영화 중에서도 정말 잘 만든 영화예요. 그리고 〈드림걸스〉에서 제니퍼 허드슨의 동생이 작곡가 역할로 나오는데, 작곡가들이 공감할 만한 내용이 많이 나와요. 제니퍼 허드슨의 동생이 작곡한 곡의 메인 보컬을 누구로 할 것이냐를 두고, 비욘세와 제니퍼 허드슨이 경쟁을 하는데요. 영화상에서는 제니퍼 허드슨이 노래를 더 잘하지만, 너무 개성이 강해서 대중들이 듣기에 더 편한 목소리를 가진 비욘세가 메인 보컬이 되거든요. 제이미 폭스가 비욘세를 메인 보컬로 하자고 할 때, 제니퍼 허드슨의 동생이 찬성하는 장면이 있어요. 작곡가의 입장에서는 누나보다 곡에 더 맞는 보컬을 선택하는 거죠.

그리고 〈와이키키 브라더스〉라는 영화도 있어요. 어린 시절부터 음악을 너무 좋아해서 음악을 직업으로 삼았지만 실패하고, 다시 자신만의 음악을 하면서 영화가 마무리되는데요. 우울하고 어두운 면을 보여주는 영화지만, 예술가의 본질적인 삶의 모습을 잘 보여주는 것 같아요. 화려해 보이지만 외롭고 힘든 직업이거든요. 현실에 부딪히지만, 또 음악을 통해 희망을 품게 되는 모습이 감동적이었어요.

K-POP
작곡가가 되는 방법

편 K-POP 작곡가가 되는 방법은 어떻게 되나요? 보통은 어떻게 입문해요?

서 방법은 여러 가지가 있는데요. 요즘은 실용음악과를 나오는 경우가 많아요. 학교에 음악과가 많이 있고, 기본적인 화성학이나 악기 등 대중음악에 대한 전반적인 것들을 배울 수 있고, 또 같은 일을 하는 사람들을 만나면서 인맥도 쌓을 수 있거든요. 음악 작업은 여러 명이 같이하니까 먼저 시작한 한 명이 다른 사람들을 끌어주기도 해요. 저 같은 경우는 실용음악과가 아닌 일반 대학에서 다른 전공을 했어요. 혼자 계속 음악을 하다가 유재하 가요제와 같은 음악 경연 대회를 나가고 난후에, 부족한 부분을 많이 느껴서 피아노도 다시 배우고 실용음악 학원에 다녔어요. 결국엔 곡을 만들고 나면 데모를 만들어서 누군가에겐 들려주는 것이 작곡가 입문에 있어서 중요하잖아요. 예전에는 방법이 많이 없었는데, 요즘은 사운드 클라우드나 유튜브 채널을 만들어서 올리기도 하더라고요. 저는 좋은 방법이라고 생각해요. 그렇게 노출되면 그것을 찾아내고 발굴하는 사람들이 분명히 있거든요.

저는 또 현업에서 작업을 많이 하는 작곡가를 찾아갔었어요. 요즘은 작곡가들이 유튜브 채널이나 커뮤니티에서 후배 작곡가들을 공식적으로 모집하기도 해요. 그렇게 하다 보면 기회가 생기고, 실력 있는 선배 작곡가들에게 피드백을 받게 되면 본인의 실력도 늘게 되죠. 그리고 기획사에 데모를 보내서 작곡가 오디션을 보기도 해요. 그런 오디션을 봐서 기획사에 들어가는 게 요즘은 제일 좋은 케이스인 것 같아요. 기획사에 소속이 되면 곡을 만드는 것 말고도 콘서트용 편곡이나 다른 음악과 관련된 일들도 많이 하게 돼서 수익적인 면에서 좋아요. 특히 대형 기획사는 요즘 K-POP 아이돌 음악을 주로 하고 있기 때문에 아이돌 음악을 만드는 작곡가가 일하기에는 너무나 좋은 환경인 것 같아요. 그런 방법 외에도 곡들을 수집해서 기획사에 보내고 중간에 수수료를 받는 퍼블리싱 회사들이 있는데, 그곳에 데모를 보내는 방법도 있어요.

편 방법은 정말 여러 가지가 있네요.

서 네. 가장 중요한 건 데모를 잘 만들어야 하고, 여러 곳에 들려주면서 교류해야 해요. 그러면서 피드백도 받고, 자신이 어떤 수준인지 정확히 알아야죠. 그러다가 선배 작곡가들과 연결되면서 여러 가지 기회도 생기고요.

편　실용음악과 진학이 가장 빠른 방법이겠네요. 실용음악과 안에 작곡 전공이 따로 있나요?

서　네. 실용음악과 안에 악기를 다루는 기악과, 보컬과, 작곡과가 있어요. 요즘에는 싱어송라이터과도 많이 있더라고요. 자신이 곡도 만들고 노래도 하는 경우겠죠. 작곡만 하려는 경우는 작곡과를 많이 가는데, 기타나 피아노 등 악기 전공자 중에서 나중에 작곡가가 되는 경우도 많은 것 같아요. 제 선배 세대만 해도 전공자들은 많이 없었거든요. 당시 학교에 실용음악과가 많이 없기도 했고요. 다들 아실 만한 박근태 작곡가, 김도훈 작곡가, 신사동 호랭이, 용감한 형제 같은 분 중에 실용음악과를 나온 분은 없는 거로 알고 있어요. 다들 음악을 좋아하고, 대학에서 밴드 활동하면서 작곡했다고 들었어요. 그리고 댄스 음악은 DJ 출신 작곡가들도 많은 것 같아요. 아무래도 사운드에 대한 감각이 좋고, 댄스 음악은 기본적으로 춤을 추기 위한 음악인데, 그 분위기를 잘 알고 있는 DJ 출신 작곡가들이 댄스 음악을 잘 만드는 것 같아요.

　그리고 요즘은 샘플이라는 게 있는데요. 테마별로 악기를 다 연주해 놓은 거예요. 컴퓨터 프로그램에 짧은 샘플 테마를 올리고, 거기에 조금 더 디테일하게 드럼이나 다양한 악기 소리를 입혀서 새로운 음악을 만들 수 있거든요. 예전에는 샘플마다 저작권료를 따로 해결해야 사용할 수 있었지만, 요즘은 사이트를 통해서 구독하면 마음대로 쓸 수 있는 샘플들이 많이 있어요. 이런 샘플 활용으로 화성학이나 악기를 다룰 줄 몰라도 댄스 음악을 만드는 게 더 쉬워졌어요. 물론 음악의 기본인 화성학이나 악기에 관해 잘 알면 더 좋겠죠. 예전 작곡가 선배들은 이런 샘플을 찾기 위해 해외로 나가기도 했다고 하더라고요. 좋은 샘플 시디는 국내에 잘 들어오지 않을 때라서 그랬던 것 같아요. 특히 댄스 음악에서는 사운드의 질감이 중요한데, 사운드를 직접 만드는 것보다 전문가가 이미 만들어 놓은 소스를 이용하면 음악의 퀄리티가 훨씬 더 좋아지거든요. 이렇게 창조 작업의 특성상 이론이 없어도 뛰어난 감각으로 좋은 노래를 만드는 분들도 많이 있어요. 물론 여기에 이론이 뒷받침되면 작업의 결과물이 더 좋아지겠죠.

그래서 요즘은 실용음악과를 진학하는 것도 작곡가가 되는 좋은 방법인 것 같아요. 게다가 앞에서도 말씀드렸지만, 음악은 공동 작업이 많거든요. 노래를 만들고, 편곡하고, 연주하고, 불러야 하는데, 이 모든 과정을 혼자 할 수는 없어요. 학교에서 전공을 하면 연주는 기악과에, 노래는 보컬과에 부탁해서 할 수 있고, 그러면서 인맥도 생겨나기 마련이고요. 나중에 이 일을 할 때 사람이 큰 재산이 되기 때문에, 그런 면에서도 실용음악과는 괜찮은 것 같아요.

편 DJ 출신의 작곡가가 많나요? 알렌 워커도 DJ죠?

서 네. DJ도 하고 프로듀싱도 하고요. 2010년 이후에 DJ가 중심이 된 음악이 팝 시장에서 완전히 자리를 잡았어요. 해외에는 방금 말씀하신 알렌 워커, 체인스모커스, 스크릴렉스 같은 분들도 있고, 요즘 뉴진스의 곡들을 프로듀싱한 250, FRNK 같은 분들도 DJ 출신의 프로듀서라고 알고 있어요. DJ들이 페스티벌이나 클럽에서 신나는 느낌을 주기 위해서, 기존 음악에 드럼을 더 올려서 댐핑이 좋은 강렬한 사운드를 만들거든요. 댐핑은 쉽게 말해 심장이 울리는 것처럼 드럼과 비트가 많이 울리는 걸 말해요. 그런 연구를 하는 분들이니까 댄스 음악을 잘 만들 수밖에 없는 것 같아요. 팝 음악에서는 어떤 장르적인 음악을 대중화하는 경우가 많은데, 그 안에서 DJ의 프로듀싱 능력이 빛을 발하는 거죠. DJ 출신의 프로듀서들은 디스코, EDM 같은 장르를 차용해서 곡을 만드는 데 능숙하고, 그 사운드를 제대로 구현하는 데 탁월한 능력이 있는 분들이어서 작곡가로서도 큰 활약을 하는 것 같아요.

편 작곡가가 되려면 어떤 분야에 관심을 가지는 게 좋을까요?

서 음악에 관한 관심이 가장 중요한 것 같아요. 저는 제가 좋아하는 음악이 있으면 크레디트를 찾아봤어요. 앨범에 보면 작곡가는 누군지, 연주는 누가 했는지 다 나와 있거든요. 그리고 음악 관련 잡지들도 많이 봤어요. 외국의 유명 밴드가 어떤 새로운 녹음 기술을 사용했고, 어떤 유명한 세션이 연주했는지, 이런 내용들을 보면서 세션은 누가 있고, 프로듀서가 뭐 하는 사람인지 알게 됐던 것 같아요. 저도 제 노래를 녹음할 때 함춘호 선생님을 기타 세션으로 섭외한 적이 있었는데, 실제로 뵈니까 너무 신기하더라고요. 어린 시절부터 이름으로만 알던 분이 내 노래에 기타를 연주해 주신 거죠.

요즘 학생들은 대부분 K-POP을 좋아할 텐데요. 유튜브나 인터넷에서 그런 정보를 많이 찾을 수 있을 거예요. 250 작곡가를 검색해 보면, 유튜브에 〈뽕을 찾아서〉라는 다큐멘터리를 찍어서 올린 게 있어요. 우리나라의 트로트에 대한 내용인데요. 그런 걸 보면서 이 작곡가가 그냥 뉴진스의 노래를 만든 게 아니라, 깊은 고민과 다양한 관심을 가지면서 자신만의 개성이 발현되었다는 걸 알 수 있어요. 학생들도 조금 더 깊이 찾아보고, 연구할 수 있었으면 좋겠어요. 그리고 한발 더 나아가서, 요즘 유행하는 음악뿐만 아니라 팝의 전성기였던 70~80년대 음악들, 마이클 잭슨이나 비틀스 같은 뮤지션들의 음악도 들어보고 뮤직비디오도 찾아보세요. 박찬욱이나 봉준호 같은 감독들도 히치콕 감독의 작품을 보면서 꿈을 키웠다고 하잖아요. 음악도 마찬가지예요. 이런 자료들이 지금은 다 유튜브에 있기 때문에 본인이 관심을 기울이는 만큼 더 많이, 깊이 찾아볼 수 있어요.

편 멋진 곡을 작곡하는 능력은 어떻게 훈련할 수 있을까요?

서 반복되는 이야기인데요. 기본적으로는 다른 음악들도 많이 들어보는 게 좋아요. 많이 들어보면서 자신만의 레퍼런스를 찾고, 끊임없이 공부하고 연구하는 과정이 필요하죠. 그리고 자신만의 분명한 생각을 가지는 게 중요해요. 영감이라고도 하는데, 자신만의 스토리를 가지고 있어야만 레퍼런스를 기반으로 독창적인 결과물을 만들어 낼 수 있어요. 그래서 저는 그때그때 떠오르는 것들을 꼭 메모해 두려고 하고, 상황에 맞게 꺼내서 쓰죠. 그리고 요즘은 사운드가 중요시되는 시대예요. AI 기술을 활용한 기술, 특히 미디 음악과 관련해서 많이 생겨나고 있기 때문에 그런 것들을 공부하는 것도 작곡을 훈련하는 데 도움이 되는 것 같아요. 이러한 내용들 또한 유튜브에 많이 나와 있어요.

편 영감과 노력 중에 무엇이 더 중요한가요?

서 노력이 더 중요하다고 생각해요. 영감이라는 것도 앞서 말씀드린 것처럼 공부와 조사, 다른 음악 많이 듣기, 독서 등의 노력을 통해 생기는 경우가 많기 때문이죠.

DJ 스크릴렉스(출처: 인스타그램)

출처: https://www.busaneconomy.com/news/
articleView.html?idxno=110324

마음 속 기억창고를 만드는
K-POP 작곡가

편 작곡에 관심 있는 학생들이 어떤 경험을 하면 좋을까요?

서 악기를 하나라도 다뤄보면 좋겠어요. 대부분의 작곡가는 작곡할 때 기본 악기로 피아노와 기타를 많이 사용하니까 이 두 악기는 배워두면 좋을 것 같아요. 피아노랑 기타만 배워도 작곡은 할 수 있거든요. 물론 드럼을 치는 분 중에도 작곡을 하는 분들이 있지만, 멜로디를 만드는 게 작곡의 기본이기 때문에 리듬악기보다는 화성을 같이 공부할 수 있는 악기를 배우는 게 도움이 될 거예요. 그다음으로는 미디 음악에 관심을 가지면 좋을 것 같아요. 프로그램을 이용해 여러 가지 시도를 하면서 자신만의 완성된 데모를 만들 수도 있고요. 그러면서 작곡에 한결 더 가까워지겠죠.

편 요즘 학생들은 영상 편집 프로그램을 알려주지 않아도 잘 다루더라고요.

서 그렇죠. 미디나 음악 관련 프로그램들도 마찬가지예요. 그리고 요즘엔 샘플을 이용한 작곡 방식이 정착되어서 그런 툴을 배우면 작곡에 더 쉽게 접근할 수 있어요. 아마 학생들은 조금만 배워도 비트를 금방 만들 수 있을 것 같은데요.

K-POP
작곡가가 되면
일어나는 일들

편 작곡가로서 숙련되기까지 얼마나 걸릴까요?

서 숙련 과정은 사람마다 다르겠지만, 기본적으로 몇 년은 걸리는 것 같아요. 일단은 악기를 배워야 하고 이론적인 부분도 공부해야 하니까요. 그리고 K-POP 작곡가는 특히 미디를 잘할 줄 알아야 해서 그 부분에서의 연습도 오랜 기간 필요해요. 단순히 기타나 피아노를 이용해 곡을 쓰는 것과, 미디를 활용해서 편곡까지 완성한 데모를 만드는 것은 또 다른 차원의 일이라 많은 연습이 필요하죠.

음악 편집 프로그램 활용

편 내가 만든 곡을 홍보하는 방법은 뭔가요?

서 요즘은 여러 가지 채널이 있는데, 기본적으로 유튜브나 인스타 같은 SNS를 통한 홍보는 너무 간편해서 좋은 방법이에요. 그리고 뮤지션들이 모여 사용하는 사운드클라우드 같은 플랫폼도 곡을 홍보하기 좋고요.

포인트리 「니가 4시에 온다면」 작곡

작곡에 사용하는 다양한 프로그램이 궁금해요.

편 작곡에 사용하는 다양한 도구와 프로그램을 소개해 주세요.

서 앞에서 잠깐 말씀드렸는데, 작곡에 사용하는 프로그램들을 DAW라고 해요. 큐베이스, 로직, 에이블톤 라이브 등 많은 종류의 DAW가 있는데, 특정한 프로그램이 좋다고 말하긴 어렵고 프로그램마다 장단점이 있어서 자신에게 맞는 프로그램을 쓰는 것이 좋아요. 저도 앞에 말한 세 가지 프로그램을 다 써 봤는데, 기본적으로 DAW는 미디 작업, 악기나 보컬 등의 녹음 작업, 샘플 등의 오디오 편집 작업, 믹싱 마스터링 작업이 다 가능하기 때문에 하나의 툴만 마스터하면 다른 프로그램을 배울 때 훨씬 더 쉬워져요. 요즘의 음악은 DAW 안에서 모든 게 이루어지고, 그 기술들이 급속히 발전하고 있기 때문에 작곡하는 데 있어서 이 프로그램들은 필수적이죠.

편 작곡가는 보통 어디서 작곡하세요? 작업실이 따로 있나요?

서 저는 동료들과 같이 쓰는 작업실도 있고, 집에서 혼자 사용하는 공간도 있어요. 음악 스타일에 따라 혼자 하는 경우도 있지만, 아이돌 음악은 기본 서너 명, 많게는 열 명 가까운 인원이 협업하는 경우도 있거든요. 트랙도 한두 명이 같이 만들고, 가사 쓰고, 랩 쓰고, 탑 라이너한테 보내는 등등 공동 작업을 하는 경우가 많아요. 그래서 혼자 작업하기도 하지만, 대부분은 같이 하는 작곡가 작업실에 가거나, 다른 작곡가가 오기도 하죠. 온라인으로도 가능하지만, 직접 만나서 하는 게 빠르고, 소통도 편하기 때문에 오프라인으로 작업하는 경우도 많아요.

편 작업실에는 보통 악기들이 있나요?

서 네. 보통 피아노 형태의 건반이 있어요. 건반은 그 자체로도 소리를 가지고 있지만, 마스터 건반으로 활용돼요. 마스터 건반은 미디 작업을 할 때 입력장치인데, 마스터 건반을 이용해서 미디에서 사용하는 다른 악기들, 드럼이나 기타 베이스,

압구정 작업실

개인 작업실 신시사이저와 마스터 건반

2017년 LA 송캠프 현장

스트링 브라스 등을 연주해요. 리얼 악기가 아니라 일종의 가상 악기인데, 미디에서는 가상 악기를 많이 써요. 그때 피아노 형태의 마스터 건반을 이용하죠.

가수를 직접 만나는 일이 많은가요?

편 학생들이 궁금해할 것 같은데요. 가수를 직접 만나는 일이 많으시죠?

서 네. 아무래도 그렇죠. 녹음하면 가수를 만날 수밖에 없어요. 전문 디렉터가 하는 경우는 작곡가가 참여하지 않는 경우도 있지만, 보통은 직접 참여하기 때문에 가수를 만나게 돼요.

└ 포이트리 「니가 4시에 온다면」 녹음실 With 옥상달빛

작곡가로서 가수를 만나면 어떤가요?

기본적으로는 서로 존중하는 관계인데요. 제 경험상 개인적으로 동경하고 좋아하던 가수를 만날 때는 좀 떨리는 것 같아요. 양희은 선배님과 라디오 로고송을 녹음한 경우도 있고, 성시경 님이 작곡한 양희은 선배님의 곡에 편곡으로 참여했던 적이 있는데요. 선배님은 편하게 해주셔도 너무 떨리더라고요. 그리고 박효신 님은 저의 디렉팅이 의미가 있나 싶을 정도로 노래를 잘해서 놀랐던 적이 있어요. 보통은 작곡가가 만족할 때까지 녹음을 진행하는 경우가 많은데, 박효신과 같은 가수들은 작곡가인 제가 만족해도 가수 스스로 기준을 높게 잡고 여러 번 더 녹음하는 경우가 많아요. 아이유 님을 만났을 때도 생각나네요. 그때는 당시 앨범 프로듀서가 디렉팅을 맡아서 했고, 저는 뒤에서 지켜보기만 했는데요, 어린 나이였지만 노래를 무척 야무지게 불렀던 기억이 나요. 그리고 아이돌 가수들은 대부분 작곡가나 디렉터를 믿고 가는 경우가 많아요. 멤버들이 많으니까, 순서를 기다리는 시간도 길고, 스케줄도 있고, 안무 연습도 있고, 일정이 바쁘고 타이트해서 저희도 조율하면서 진행하는데, 녹음 과정이 상대적으로 힘들다고 할 수 있어요.

편 작곡가로서 조심하고 주의해야 하는 것들이 있을까요?

서 요즘은 곡을 의뢰하는 리드를 받으면, 레퍼런스를 기반으로 작업하는 경우가 많거든요. 거기서 가장 주의해야 하는 것은 표절 문제예요. 늘 조심하고 신경 쓰죠. 그래서 레퍼런스를 기반으로 하지만, 더 나아가 다른 차원의 작품을 만들어내는 게 중요해요. 거기에 필요한 것이 자신만의 색깔, 아이디어고요. 영향을 받더라도 자기만의 스타일로 완전히 새로운 창작물을 만들어내는 것이 중요하죠.

편 허용되는 범위가 있지 않아요?

서 예전에는 네 마디 이상 같으면 표절이라고 했었는데, 지금은 애매모호한 부분이 많아졌어요. 실제로 미국에서 표절 시비가 붙은 경우에 법정에서 원곡의 영향을 얼마나 받았는지, 원곡이 없어도 이 노래가 만들어질 수 있는지, 이런 철학적인 부분까지 논의가 되더라고요. 작년에 에드 시런의 곡이 마빈 게이의 곡을 표절했다는 논란에 대한 판결이 있었어요. 장르의 유사성에 대한 부분인데요. 소울, 디스코, R&B 각각의 특징이 있잖아요. 그런 장르의 유사성, 비슷한 코드나 사운드, 리듬의 사용을 표절이라고 고소한 경우예요.

또 재밌는 점은 미국의 표절 시비는 대부분 히트곡에만 생기는 경우가 많아요. 왜냐하면 히트곡일 때만 표절 판결과 관련해서 유의미한 수익이 생기기 때문이에요. 에드 시런은 이 곡이 표절이라면 더 이상 음악 활동을 하지 않겠다고까지 말했는데, 다행히 표절이 아니라고 판결이 났죠. 표절 문제는 여러 가지 다양한 요소들을 고려해야 하므로 명확한 기준을 잡기가 어려운 것 같아요. 그래서 작곡가 스스로 더 조심할 수밖에 없어요.

편 작곡가들의 성과는 어떻게 평가받나요?

서 일차적으로는 곡을 파는 것이죠. 곡을 판다는 것 자체가 굉장히 힘든 일이에요. 요즘은 가수가 직접 작곡하고 프로듀싱하는 경우가 많아지고 있는데, 자작곡은 가수 자신의 장점을 가장 잘 살릴 수 있고, 하고자 하는 음악 세계를 펼치기에도 좋다는 장점이 있거든요. 또 작곡이 저작권과 같이 돈이나 명예와 연관되어 있어서, 가수들을 포함해 많은 사람이 욕심을 내는 경우가 많아요. 그리고 요즘엔 수많은 해외 작곡가와 경쟁해야 하므로 더 치열해진 거 같아요. 저작권이 좀 독특한 개념이라고 생각하는데요. 출판계의 인세와 비슷할 것 같아요. 곡에 대한 일정 지분을 계속 가지고 있기 때문에 자식 같다고 볼 수도 있고, 노래가 히트하는 만큼 수익을 얻는 구조라 돈과 명예를 포함하는 개념이에요.

편 작곡가들이 갖는 저작권은 어떻게 되나요?

서 노래가 나오면 저작권협회에 등록이 돼요. 앨범 판매, 스트리밍, 노래방, 라디오나 방송, 유튜브 등에 노래가 사용됨으로써 발생하는 수익을 협회에서 징수해서 저작권을 가진 사람에게 저작권료를 지급하죠. 외국은 저작권협회가 많이 있는데요. 우리나라는 다른 저작권 단체도 생겨나고 있긴 하지만, 한국음악저작권협회에서 거의 관리, 운영하고 있어요. 그리고 저작권은 그 곡에 대한 일종의 권리이기도 해요. 예를 들면 오디션이나 노래를 부르는 방송에서 제가 만든 노래를 누군가가 불러서 그 음원을 발매해야 하는 경우, 저에게 허락을 맡아야 발매할 수 있어요. 제가 허락을 하면 일정 금액의 사용료를 받고요. 이건 저작권자만이 가질 수 있는 부분이죠. 그리고 유튜브에서 뮤직비디오의 조회수가 많이 나오면, 뮤직비디오를 만든 회사도 수익을 가져가지만, 작곡가도 일정 수익이 나와요. 이런 걸 킹작권이라고 하더라고요. 작곡가들의 수입은 이렇게 작곡비와 저작권료, 크게 두 가지예요.

편 작곡비는 보통 얼마인가요?

서 물론 통상적인 비용은 있지만, 작곡가마다 천차만별이에요. 유명한 분들은 정말 부르는 게 값이라고 할 수 있고요. 저는 500~1,000만 원 정도 되는데, 제가 일정 비용을 이야기해도 깎아달라고 하는 경우도 많아서 조율을 잘해야 해요. 한 번으로 끝나는 게 아니기 때문에 앞으로의 관계성도 고려해서 받죠. 그리고 작곡비 외에 작곡가의 주수입은 저작권료인데 이것은 정확하게 정해진 비율이 있어요. 예를 들어 작사, 작곡을 다 했을 때, 앨범 판매의 경우는 10% 정도가 저작권료예요. 여러 명이 공동 작업을 한 경우는 거기서 또 나뉘고요. 대략 앨범 한 장을 만 원으로 계산했을 때, 100만 장이면 100억이 발생하는데요. 그 앨범에 열 곡이 수록되어 있다면 한 곡에 10억, 한 곡의 작사, 작곡을 모두 했다면 그 10%인 1억을 받는 식인 거죠. 예전에는 히트곡이 많은 작곡가가 수익이 컸다면, 요즘은 유명한 아이돌 그룹의 음악을 만드는 작곡가들의 수익이 점점 커지고 있어요. 아이돌 앨범의 판매량이 워낙에 많으니까요. 대신 앨범 판매는 다른 저작권보다 일시적이라는 특징이 있죠.

편 작곡가는 언제까지 할 수 있을까요? 나이가 많이 들어서도 할 수 있을까요?

서 저작권협회에서 총회를 할 때 가보면, 연세가 많은 선배 작곡가도 많으세요. 프리랜서라서 따로 정년은 없는 것 같아요. 유재석의 부캐인 유산슬이 부른 「합정역 5번 출구」를 작곡한 분도 오랫동안 이 일을 해온 선배님이세요. 방송을 통해서 나온 곡이라 굉장히 히트했었죠. 나이가 들면서 유행에 맞는 곡을 만들기 어려울 수도 있고, 자신의 곡을 찾는 사람이 점점 없어질 수도 있어요. 하지만, 자신이 하고 싶을 때까지 할 수 있는 일이라고 생각해요. 그리고 사후 70년까지 저작권료가 나오고 상속도 가능하고요. 꾸준히 사랑받는 히트곡이 있으면, 이 일을 더 오래 할 수 있겠죠. 방송에서 보니까 송창식 선생님은 아직도 한 달에 천만 원씩 저작권료가 나온다고 하더라고요.

이 직업은 우리 사회에서 어떤 의미가 있을까요?

편 K-POP 작곡이 앞으로 우리 사회에서 어떤 의미가 있을까요?

서 예전에는 미국에서 노래 한 곡이 히트해서 빌보드 차트에 들어가면, 수십억에서 수백억 원을 벌 수 있다는 얘기가 있었어요. 실제로 시장이 워낙 크니까 가능한 이야기고요. 예전엔 영미권 음악 시장에서만 이런 것들이 가능했다면, 지금은 우리나라 K-POP 작곡가들도 이런 가능성을 갖게 된 것 같아요. 얼마 전에 〈유 퀴즈 온 더 블록〉이라는 프로그램에서 박진영 프로듀서도 이 이야기를 하더라고요.

그리고 이제는 아이돌 음악을 넘어서 한국 가요, 최근에는 발라드와 트로트, K 드라마가 인기를 끌면서 OST까지 해외에서 많은 사랑을 받고 있기 때문에 작곡가의 수익은 더 커질 가능성이 있다고 생각해요. 불과 몇 년 전만 해도 상상도 못 했던 일이죠. 우리나라의 그룹이 빌보드에서 1등을 하고 있고, 설사 빌보드에서 1등을 못 하더라도 아이돌의 인기가 어마어마하고, 그로 인해서 굉장한 수익 구조를 가지게 되었어요. 영향력은 말할 것도 없고요. 한국에서 K-POP을 만드는 것만으로도 세계 음악 시장에서 중심에 서게 되는 시대가 된 거죠.

그런 자부심을 충분히 가져도 될 것 같고, 지금 세대만이 누릴 수 있는 혜택인 것 같아요. 청소년들이 꿈꿔도 좋은 직업이라고 생각해요.

K-POP
작곡가 서정진의
음악 길라잡이

김광석 「바람이 불어오는 곳」

Q 초등학생들이 김광석 님의 「바람이 불어오는 곳」을 우쿨렐레로 연습하는 장면을 봤어요. 아이들이 그 노래를 낯설어하지 않고, 즐겨서 부르는 모습이 인상적이었는데요, 이 곡의 어떤 부분이 세대를 넘어서는 공감을 끌어내는 건가요?

A 이 곡은 멜로디가 쉬운 것이 매력적인 것 같아요. 마치 동요의 형식처럼 곡의 구조도 단순하고요. 멜로디는 쉽지만, 김광석 님의 목소리는 너무나 아름답고 자연과 가깝죠. 어떤 특별한 기교보다는 목소리의 울림 자체가 아름답고 자연스럽다고 할까요? 이런 단순하지만 울림이 있는 노래는 남녀노소 세대를 가리지 않고 좋아하지 않을 수 없을 것 같아요.

신해철 「그대에게」

Q 유치원생들이 이 노래에 맞춰 율동하는 동영상을 많이 봤어요. 처음에는 유치원 선생님이 나랑 비슷한 또래인가 보다 생각했는데, 많은 영상을 보면서 그렇지 않다는 걸 알았죠. 이 음악이 주는 세련된 신남은 무엇인가요?

A 이 곡은 고 신해철 선배님의 데뷔곡이자, 1988년 대학가요제 대상 곡이에요. 저는 그때 초등학생이었는데, 이 무대를 실시간으로 봤던 기억이 있어요. 당시 대학가요제는 시청률과 화제성이 높았던 프로그램이었거든요. 아무것도 모르는 초등학생이었지만, 노래의 전주를 들었을 때 특이하고 멋지다고 생각했던 기억이 있어요. 특히 신시사이저로 시작하는 전주가 임팩트 있는 곡인데, 사운드도 강렬하고 귀를 단번에 잡아끄는 매력이 있는 곡이죠. 지금은 응원곡으로 많이 쓰이고 있는데, 아무래도 전주에서 느껴지는 진취적이고 도전적인 느낌 때문인 것 같아요. 신시사이저가 메인이 되는 프로그레시브 록 음악은 그 당시에 국내에는 거의 없는 장르였을 정도로 세련된 음악이었는데, 지금 들어도 그렇게 들리는 것 같아요.

안예은 「문어의 꿈」

Q 저는 이 노래를 듣고 가사가 굉장히 심오하다고 느꼈는데요, 청소년, 어린이 구분 없이 인기가 정말 많았어요. 이 노래를 듣고 어떠셨나요?

A 이 노래는 개인적으로는 몰랐던 곡이라 이번에 처음 들어봤는데요. 말씀하신 것처럼, 가사가 밝으면서도 슬픈 느낌을 주는 것 같아요. 곡 또한 동요 느낌이 많이 나서 어린이들이 좋아하는 것 같고요. 제 개인적으로는 산울림 선배님의 「개구쟁이」라는 노래와 같은 느낌이 들었어요. 이 노래가 동요적인 멜로디지만 록의 느낌이 나는 것처럼, 「문어의 꿈」도 동요와 블루스가 접목된 느낌이 나서 묘한 매력이 있는 것 같아요.

이한철 「슈퍼스타」

Q 중학생 아들이 이 노래를 혼자 흥얼거리는 걸 봤어요. 어디에서 들었냐고 하니까 학교와 학원에서 여러 번 들었다고 하더라고요. 저는 이 노래가 나왔을 당시에는, 평범한데 인기가 많다고 느꼈거든요. 그런데 저와 30년 이상의 나이 차이가 나는 아이가 이 곡을 좋아해서 놀랐죠. 이 곡의 매력은 무엇인가요?

A 우선 앞의 곡들도 마찬가지고, 곡에 대한 감상이나 해석은 저의 주관적인 견해임을 말씀드릴게요. 이 곡은 저도 잘 알고 좋아하는 곡인데, 이 노래의 매력은 후렴구의 가사인 것 같아요. '괜찮아 잘될 거야'라는 메시지는 언제나 사람들의 마음을 다독이고 울리는 메시지잖아요. 그리고 그 가사에 해당하는 멜로디 또한 가사 내용처럼 희망적이고 따뜻하고요. 앞서 말씀드린 것처럼 가사가 없는 멜로디에도 분명히 느낌과 감정이 있는데, 이 노래의 후렴 멜로디는 매우 쉽고 가사의 내용을 잘 전달해 주는 것 같아요. 단 한 번만 들어도 긍정 메시지가 그대로 전해지는 곡이죠.

영화 <러브레터> OST 「A winter Story」

Q 영화의 배경이 겨울이어서 이 곡을 들으면 흰 눈이 생
각나는 걸까요? 아니면 이 곡에 계절과 관련한 어떤
특별한 장치가 있나요?

A 이 영화와 곡은 제가 개인적으로 너무 좋아하는데요.
지금도 영화와 음악을 가끔 보고 듣곤 해요. 보통은
이 곡을 영화와 함께 접했기 때문에 노래만 들어도 눈이나 설
경, 겨울의 느낌이 나는 것 같아요. 이 영화의 감독은 제 생각
에 빛을 잘 쓰는 감독 같아요. 화려한 느낌의 빛이 아니라 아
날로그적인 필름 느낌의 빛인데, 보고 있으면 오래된 사진을
보는 것 같이 따뜻한 느낌이 들거든요. 이 노래의 피아노 질감
이 딱 그런데, 선명하고 깨끗한 그랜드 피아노 소리가 아니라
집에서 치는 업라이트 피아노 소리의 느낌이 나요. 그리고 피
아노에 리버브라는 음향효과가 많이 걸려있어요. 리버브는 쉽
게 말하면 에코와 비슷한데, 목욕탕이나 성당에서 소리가 울
리는 느낌의 효과예요. 그래서 일요일 성당이나 학교 강당에
서 듣는 느낌이 나죠. 이러한 느낌 때문에 영화의 배경은 겨울
이지만, 따뜻하면서 아련한 느낌이 나는 것 같아요.

영화 〈라라랜드〉 OST

Q 영화의 OST를 주제로 오케스트라 연주회를 여는 것을 봤어요. 생각해 보면 이 영화의 주인공은 음악이었던 것 같아요. 주인공들의 상황과 감정은 많은 영화에서 보았던 흔한 설정인데요, 흔한 설정을 특별한 스토리로 느낄 수 있었던 건 음악의 힘인 것 같거든요. 〈라라랜드〉의 음악에 대해 어떻게 생각하세요?

A 〈라라랜드〉 또한 제가 아주 좋아하는 영화인데요. 이 영화의 감독은 음악과 관련한 영화를 주로 만들고 있고, 그중에서도 재즈 음악을 좋아하는 것 같아요. 〈위플래쉬〉라는 영화도 재즈 뮤지션에 관한 영화고, 〈라라랜드〉도 남자 주인공이 재즈 피아노 연주자죠. 저도 어렸을 때 재즈를 조금 배운 적이 있는데, 재즈는 기본적으로 팝 음악에 비해 어렵고 마니아적인 장르의 음악이에요. 대신 음악인들을 위한 장르라고 할 정도로 깊이가 있고, 대중음악 장르 중에 가장 심오한 장르라고 생각해요. 그 매력이 너무 깊지만, 제대로 하려면 연습과 공부를 오랜 기간 해야 하죠. 요즘도 실용음악과 입시에선 필수지만, 실제 필드에서는 학생들이 팝이나 가요를 주

로 하기 때문에 재즈는 음악 중에서도 금전적인 부분과는 거리가 좀 멀어요. 〈라라랜드〉에서도 남자 주인공은 전통적인 재즈 연주를 하고 싶어 하지만, 돈 문제 때문에 레스토랑에서 배경음악용 재즈 연주를 하죠. 중간에 실력을 인정받아 유명해질 기회가 생기지만, 그 밴드도 정통 재즈가 아닌 퓨전 팝재즈 밴드예요. 결국 주인공은 돈을 포기하고 정통 재즈의 길을 가게 되고요. 〈라라랜드〉의 주제는 현실과 꿈인 것 같아요. 단순한 남녀 간의 로맨스가 아닌 현실과 꿈에 대한 이야기라는 점 때문에 관객들, 특히 음악과 같은 예술 종사자들이 공감하고 감동했던 것 같아요.(이 영화감독의 어렸을 때 꿈이 재즈 드러머였다고 해요.) 이 영화의 음악 중에서도 개인적으로 인상이 깊은 곡은 「City of Stars」인데, 꿈과 현실에 관한 노래라 그런지 애잔한 느낌이 드는 곡이에요.

서정진 작곡가에게 특별한 음악들
이 책을 읽는 청소년들과
나누고 싶은 음악 20곡

Stevie Wonder 「Isn't She Lovely」

제가 개인적으로 가장 좋아하는 뮤지션이 스티비 원더인데, 그중에서도 이 곡을 아주 좋아해요. 국내에서도 많이 알려진 곡이고, 시각 장애가 있는 스티비 원더가 딸의 탄생을 축하하기 위해 만든 노래예요. 단순하지만 너무나 아름다운 곡이죠. 가사의 내용처럼 사랑이 가득 담긴 노래를 듣고 있으면, 밝은 느낌이 들다가도 어느 순간 벅찬 감동을 하게 되는 곡이에요.

The Beatles 「Black Bird」

비틀스의 곡으로 폴 매카트니가 작곡한 곡이에요. 비틀스는 4인조 밴드인데, 그중에서도 폴 매카트니와 존 레넌이 쓴 곡들이 많죠. 두 사람 다 팝 역사에서 천재적인 작곡가로 인정받고 있는데, 이 곡은 그러한 폴 매카트니의 곡 중에서도 가장 아름다운 곡이에요. 단순하지만 음악성이 돋보이며, 흑인의 인권에 대한 가사 또한 훌륭한 곡이죠.

유재하 「내 마음에 비친 내 모습」

유재하 선배님은 단 한 장의 정규 앨범으로 영원히 기억되는 뮤지션이에요. 유재하 1집 앨범 「사랑하기 때문에」는 제가 어렸을 때 테이프가 늘어날 정도로 많이 들었던 앨범이고, 지금도 자주 꺼내 듣고 있는 앨범이거든요. 저도 뮤지션으로서의 시작을 '유재하 가요제'를 통해서 하기도 했고요. 이 앨범의 모든 곡이 다 좋지만, 그중에서도 「내 마음에 비친 내 모습」이라는 곡을 추천해 드릴게요. 아름다운 일렉트릭 피아노와 지금 들어도 세련된 코드, 심오하고 아름다운 가사까지 현시대의 많은 젊은 뮤지션들이 여전히 사랑하고 영향을 받는 곡이라고 생각해요.

김현철 「오랜만에」

김현철 선배님의 1집 앨범은 저에게 많은 영향을 끼친 앨범이에요. 「오랜만에」와 「동네」 등의 노래는 그 당시에, 국내에 나오는 음악 중 가장 세련된 음악이었던 것 같아요. 저도 처음에 듣고 너무 놀라서 라디오에 나오는 노래를 녹음했던 기억이 나요. 특히 「오랜만에」라는 노래는 세련된 편곡과 작곡이 돋보이는 곡이죠. 최근 가요계에도 시티 팝 열풍이 불었는데, 나온 지 30년이 넘은 이 곡이 그 시작을 알리는 대표곡이 되었어요. 좋은 노래는 시대를 거스른다는 말에 딱 어울리는 곡이죠.

Earth, Wind & Fire 「That's the Way of the World」

이 곡은 어스 윈드 앤드 파이어라는 미국 펑크 밴드의 노래예요. 지금도 활발히 활동 중인 밴드고 수많은 히트곡이 있지만, 저는 그중에서도 「That's the Way of the World」라는 노래를 추천해요. 이 밴드는 펑크나 소울처럼 그루브 있고 신나는 장르의 노래들을 많이 불렀는데, 그들의 노래를 듣고 있으면 저절로 신나고 행복한 기분이 들죠. 그중에서 이 곡은 다른 대표곡처럼 신나는 곡은 아니지만, 이 곡 역시 듣고 있으면 기분이 좋아지는 것 같아요. 슬픔의 눈물이 아니라 행복의 눈물이 나는 노래예요.

김동률 「Replay」

김동률 선배님의 음악을 청소년 시절에 많이 들었어요. 전람회 시절의 노래도 다 좋아하지만, 「Replay」라는 곡은 요즘에 특히 많이 듣는 노래예요. 김동률 선배님의 노래들은 부드럽지만, 개성이 강하고 매우 강렬한 느낌이에요. 특히 이 곡은 정통 발라드이면서도 전형적이지 않고 곡의 형식 또한 매우 특이해요. 뻔해지기 쉬운 발라드라는 장르에서 이 곡은 끝까지 힘을 빼지 않고 이별에 대한 슬픈 감정을 노래하죠. 그래서 이 노래를 끝까지 다 듣고 나면 긴 영화를 한 편 본 것 같은 느낌이 들어요. 댄스 음악이 주가 된 요즘, 발라드라는 장르의 존재감을 여전히 잘 드러내 주는 곡이죠.

さかもとりゅういち 「Self Portrait」

류이치 사카모토는 제가 가장 좋아하는 일본 뮤지션이에요. 수많은 명곡이 있지만, 「Self Portrait」는 제가 처음 듣고 감동했던 곡이죠. 가사가 없는 음악이지만 류이치 사카모토만의 애잔한 느낌이 잘 전달되는 곡이에요. 일본적인 감성과 서양의 전자음악 그리고 클래식적인 요소가 믹스되어 독보적인 음악이 탄생한 것 같아요.

Carla Bley 「Afterglow」

칼라 블레이는 재즈 뮤지션이에요. 대중적으로 유명하진 않지만, 많은 골수팬이 있죠. 그중에서 「Afterglow」라는 곡은 머리가 복잡하거나 긴 시간 운전을 할 때 항상 듣는 곡이에요. 이 곡을 듣고 있으면 복잡했던 머리가 차분히 정리되고, 누군가를 미워했던 마음도 사그라지는 기분이 들죠. 아주 묘한 노래이고 영혼을 치유하는 노래라고 생각해요.

Antonín Leopold Dvořák
「고향곡 제9번 신세계로부터 제2악장」

드보르자크의 이 곡의 주 멜로디는 아주 익숙하죠. 클래식 음악을 자주 듣진 않지만, 이 곡의 주선율은 너무나 아름다운 것 같아요. 최근에 들었을 때의 느낌은 어린 시절 들었을 때와는 아주 다른데요. 제가 시골 출신이라 그런지 이 곡을 듣고 있으면, 어린 시절이 생각나는 것 같아요. 너무 빠르게 발전하고 도시화된 세상 속에서 살아가는 현대인들, 혹은 애초에 도시에서 태어나 고향이 없는 사람들에게도 고향의 느낌을 전해주는 곡이죠.

Сергей Васильевич Рахманинов
「피아노 협주곡 제2번 제2악장」

라흐마니노프의 이 곡은 팝 음악인 에릭 카멘의 「All By Myself」라는 곡을 통해 알게 됐어요. 셀린 디옹이 리메이크하기도 한 이 곡은 영화 〈브리짓 존스의 일기〉에 삽입되기도 한 곡이에요. 이 곡을 처음 들었을 때 팝 음악에서는 듣기 힘든 특이하고 아름다운 코드 진행과 선율을 듣고 놀랐던 기억이 있어요. 이런 노래를 작곡한 사람은 누구일지 생각하며 탁월

함에 놀랐는데, 나중에 알고 보니 클래식 음악가 라흐마니노프의 곡이었죠. 팝 음악에 끼친 클래식 음악의 영향력을 실감했고, 그 심오함에 놀랐어요.

Ennio Morricone 「Deborah's Theme」와 「Gabriels' Oboe」

엔니오 모리코네는 이탈리아 출신의 작곡가이며, 현대 영화음악계의 거장이죠. 그의 대표적인 영화음악들은 클래식의 반열에 오르고 있고요. 그중 「데보라의 테마」와 「가브리엘의 오보에」는 가장 유명하고 아름다운 곡이에요. 이 두 곡은 영화의 OST로 사용되어 영화의 한 장면에 사용되었지만, 지금은 그 영화를 뛰어넘어 곡 자체로 훨씬 더 유명해졌죠. 두 곡 다 많은 버전의 커버 곡들이 있지만, 「데보라의 테마」에 가사를 붙인 셀린 디옹의 「I Knew I Loved You」와 국내에서도 잘 알려진 「가브리엘의 오보에」에 가사를 붙인 사라 브라이트만의 「넬라 판타지아」를 추천해요.

Bernard Herrmann 「Theme From Taxi Driver」

버나드 허먼은 미국을 대표하는 영화음악가예요. 〈사이코〉, 〈현기증〉, 〈시민 케인〉, 〈택시 드라이버〉 등 영화사의 수많은 걸작의 영화음악을 만들었죠. 그중 저는 〈택시 드라이버〉 OST 중 하나인 「Theme From Taxi Driver」를 좋아하는데, 이 곡은 색소폰이 주 악기가 되는 재즈곡이에요. 다소 음울한 전주가 흐른 후 아름다운 주선율이 나오는데, 상반된 곡의 분위기가 묘한 느낌을 전해주죠. 조명이 가득한 뉴욕의 아름다운 밤 풍경과 그 이면의 어두움을 드러내 주는 것 같아요.

Antonio Carlos Jobim 「Wave」

조빔은 브라질 출신의 음악가이며, 보사노바Bossa Nova의 아버지라고 불리는 인물이에요. 보사노바는 새로운 물결이라는 포르투갈어인데, 브라질의 전통음악인 삼바를 바탕으로 재즈적인 요소가 결합하여 탄생한 장르예요. 보사노바는 해변에서 탄생한 음악답게 행복하고 따뜻한 느낌을 주는 곡들이 많아요. 슬픈 선율과 코드가 나오다가도 어느새 밝고 아름다운 곡조가 잦은 변조를 통해 나타나죠. 마치 힘든 인생 속에서, 또 가끔 비치는 희망의 얼굴을 보여주는 것 같아요. 「Wave」는 여러 뮤지션의 버전이 있는데, 그중 재즈 피아니스트 오스카 피터슨의 연주 버전을 좋아해요. Claus Ogerman의 스트링 뛰어난 편곡과 오스카 피터슨의 절제되고 아름다운 연주가 합해져 언제 들어도 좋은 곡이 탄생한 것 같아요.

Ludwig van Beethoven 「월광 소나타 3악장」

어린 시절 저는 주로 팝과 가요를 많이 들었는데, 맨 처음 샀던 클래식 앨범이 베토벤의 「피아노 소나타」예요. 그중 「월광 소나타 3악장」은 클래식이지만, 처음 듣자마자 제 귀를 끌어당겼죠. 당시 록 음악의 강렬한 느낌을 좋아했었는데, 「월광 소나타 3악장」이 그런 느낌이었어요. 베토벤이 만약 현대에 태어나 록 음악을 했다고 해도 큰 성공을 거두었을 것 같다는 생각이 들어요.

Led Zeppelin 「Whole Lotta Love」

레드제플린은 록 음악계에서 독보적인 위치를 차지하는 그룹이에요. 수많은 록 아티스트가 칭송하고 영향을 받은 레드제플린의 대표곡이 바로 이 「Whole Lotta Love」라는 곡이죠. 사이키델릭한 사운드와 귀를 잡아끄는 도입부의 기타 리프, 뒤에 이어지는 강렬한 보컬, 특히 중후반부에 나오는 기타 솔로가 압도적인 곡인데요. 록 음악을 접해보고 싶은 분이 있다면 이 곡을 추천해요.

신해철「Hope」

신해철 선배님은 제가 어린 시절 동경했던 뮤지션 중 한 분이에요.「나에게 쓰는 편지」,「재즈 카페」등의 솔로 음반도 좋아하지만, 넥스트라는 그룹을 결성하고 나온 음악들도 좋아하죠. 신해철 선배님의 곡은 가사가 다 훌륭하다고 생각하는데, 그 중「Hope」라는 곡의 가사를 가장 좋아해요. 절망의 순간에 나타나는 희망에 대한 가사는 어린 시절뿐만 아니라 세월이 많이 지난 지금도 저에게 많은 감동과 위로를 주는 것 같아요.

Michael Jackson「Human Nature」

마이클 잭슨은 팝 음악 역사상 가장 성공한 팝의 황제라고 불리는 아티스트예요. 현대의 댄스 음악, R&B, 디스코, 펑크 음악 등 모든 팝 음악에 지대한 영향을 끼친 가수이자 작곡가,

댄서죠. 퍼포먼스가 중심이 되는 댄스 음악이라는 측면에서 K-POP 음악에도 압도적인 영향을 끼쳤고요. 「Billie Jean」을 비롯한 수많은 댄스 명곡이 있지만, 제가 추천해 드리고 싶은 곡은 「Human Nature」예요. 신시사이저로 시작하는 전주와 정교하게 프로듀싱된 드럼 비트, 기타 사운드는 팝 음악의 교과서죠. 노래 그 자체로도 듣기 좋지만, 작곡과 편곡 부분에서 배울 점이 많은 곡이에요.

Prince Rogers Nelson 「Purple Rain」

프린스는 제가 개인적으로 아주 좋아하는 아티스트예요. 1980년대에 전성기를 누리며, 마이클 잭슨과 라이벌 구도를 가지기도 했던 그는 뛰어난 가수이자 작곡가, 기타리스트였어요. 그의 음악은 에너지와 느낌이 아주 충만한데, 음악의 본질이 느낌과 감정 표현이라는 점에서 언제 들어도 감탄이 나오는 뮤지션이죠. 그중 「Purple Rain」은 그의 대표곡이에요. 잔잔하게 시작되는 기타 사운드와 특색있는 보컬, 후반부의 폭발하는 고음 가성과 기타 솔로는 인간의 내면을 깊게 들여다본 느낌을 주며 큰 감동을 주죠.

Simon And Garfunkel 「The Sound Of Silence」

사이먼 앤 가펑클은 미국의 포크 듀오예요. SG워너비에서 SG
가 바로 사이먼 앤 가펑클이며, 「The Sound Of Silence」는 그
들의 대표곡이에요. 기타 아르페지오로 시작하는 인트로와 묘
한 화성을 이루는 두 멤버의 보컬은 마음을 차분하게 해주고,
심오하고 철학적인 가사는 해석하기 쉽지 않지만, 시와 같은
느낌을 주며 많은 감동을 주죠.

Jacob Collier 「Somebody To Love」

제이콥 콜리어는 영국 출신의 재즈 뮤지션이에요. 현존하는
음악가 중 가장 천재에 가깝다고 할 수 있죠. 그는 피아노, 기
타, 드럼, 베이스 등 수많은 악기를 아주 높은 수준에서 연주할
수 있어요. 절대 음감의 소유자로 초기부터 본인의 유튜브 채
널을 통해 알려진 뮤지션인데, 라이브 공연에서도 그의 매력
이 잘 드러나요. 제가 추천하는 「Somebody To Love」는 록그
룹 퀸의 명곡을 제이콥 콜리어가 공연에서 부른 버전이에요.
특히 후반부에 관객들과 하나가 되어 화음을 넣어 합창하는
부분은 매우 놀라워요. 유튜브 채널에 그가 커버한 수많은 곡
이 있는데, 그의 천재성에 경이로운 경험을 할 수 있어요.

서정진 작곡가의
V-LOG

집에도 작은 작업실이 있어요

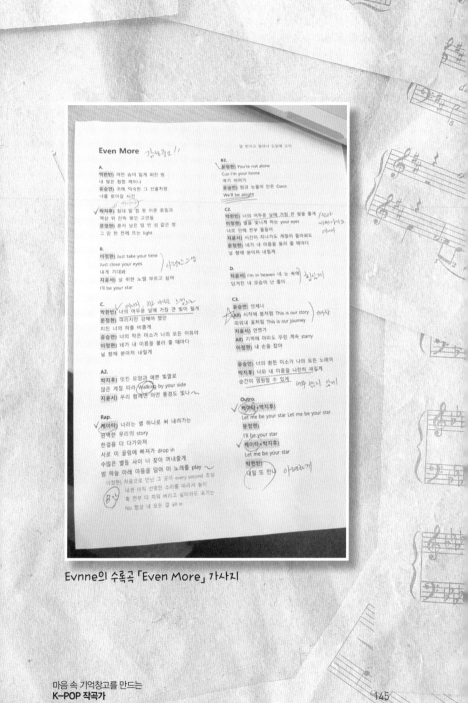

Evnne의 수록곡 「Even More」 가사지

로즈마일 「뭐였더라」 뮤비 촬영 현장

포이트리 「니가 4시에 온다면」 가사지 Feat. 옥상달빛

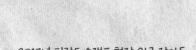

2017년 핀란드 송캠프 현장 외국 작가들

LA 리코딩 스튜디오 작곡팀 MELODESIGN

마음 속 기억창고를 만드는
K-POP 작곡가

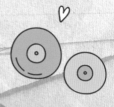

Drippin Free Pass 사인 CD

DRIPPIN 1ST SINGLE

TO♥ 서정진 작가님! ♥

작가님! 안녕하세요~! 저희 드리핀
입니다!! 저희 드리핀 녹음 할 때
편곡적으로 디렉해주셨던 걸로 기억하는
데 덕분에 저희가 이 Free Pass를

Free Pass

즐겁게 부를 수 있었고 좋은 결과를 낼
수 있었던 것 같습니다!! ♥ 좋은 곡
으로 줬고 행복하게 활동 하겠습니다!!
이번 여름 행복하고 무탈하게 지내셨으
면 좋겠습니다!! 감사합니다!! ♥

- 드리핀 인호 -

Nordwave 신시사이저

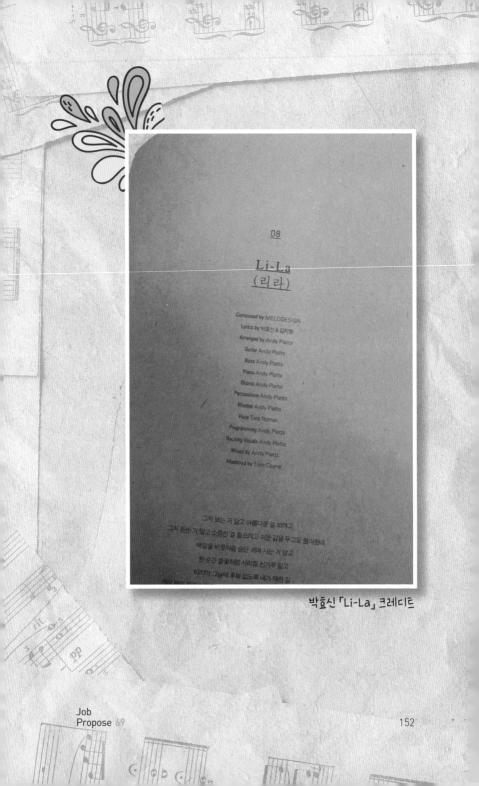

박효신 「Li-La」 크레디트

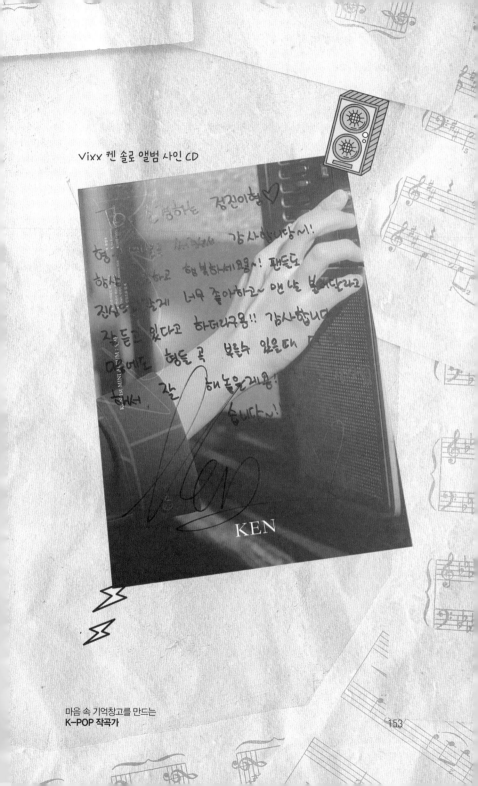

Vixx 켄 솔로 앨범 사인 CD

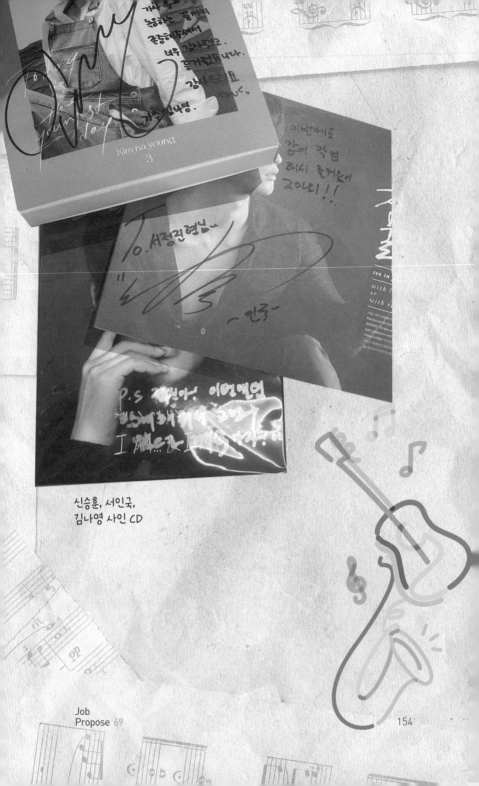

신승훈, 서인국,
김나영 사인 CD

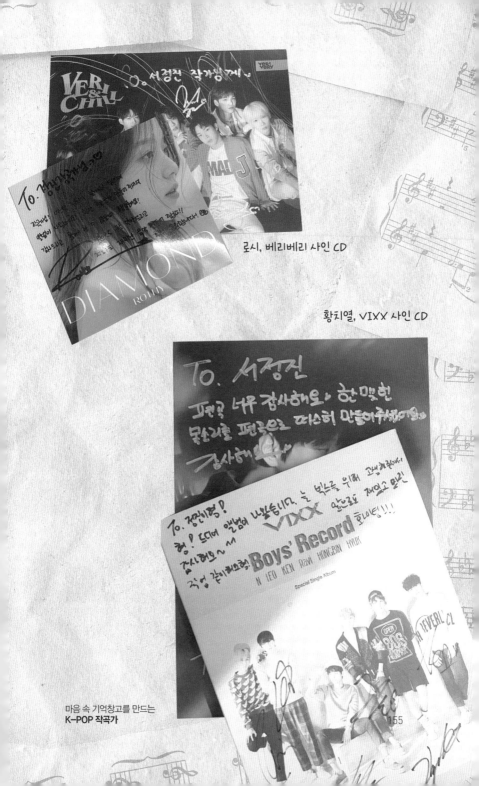

로시, 베리베리 사인 CD

황치열, VIXX 사인 CD

마음 속 기억창고를 만드는
K-POP 작곡가

155

포이트리「Organic Love」녹음 현장 With 영준

<김나영 콘서트>
가수 대기실
With 김나영

마음 속 기억창고
K-POP 작곡가

157

821 Sound 마스터링 룸

드라마 〈꼭두의 계절 OST〉 홍이삭
「휘」코드 악보

압구정 작업실 보컬 녹음 부스

CD 장

마음 속 기억창고를 만드는
K-POP 작곡가

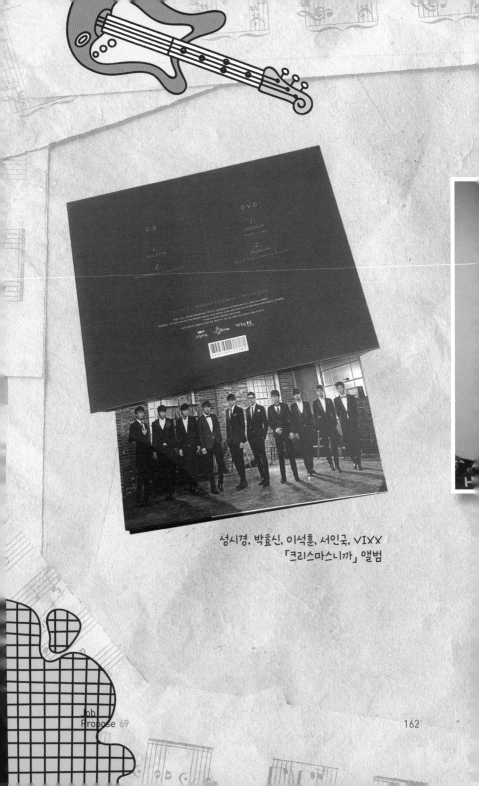

성시경, 박효신, 이석훈, 서인국, VIXX
「크리스마스니까」 앨범

젤리피쉬 송캠프 단체 사진

마음 속 기억창고를 만드는
K-POP 작곡가

2023년 〈VIXX 콘서트〉

마음 속 기억창고를 만드는
K-POP 작곡가

작곡 팀 MELODESIGN 로고

김나영 「The Youngest Day」
앨범 재킷

젤리피쉬 캐럴
「사랑 난로」 앨범 재킷

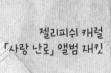

〈응답하라 1994〉 OST 성시경
「너에게」 앨범 재킷

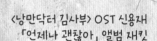
〈낭만닥터 김사부〉 OST 신용재
「언제나 괜찮아」 앨범 재킷

〈푸른 바다의 전설〉 OST 린
「Love Story」 앨범 재킷

마음 속 기억창고를 만드는
K-POP 작곡가

K-POP
작곡가 서정진
스토리

편 진로를 작곡으로 정하신 이유가 있을까요?

서 초등학교 3학년 때 피아노를 배우기 시작해서 체르니 30번 정도까지 한 것 같아요. 당시에는 여학생들이 주로 피아노를 배울 때였어요. 학원 선생님이 남학생이라 많이 예뻐하셨고, 콩쿠르에도 자주 내보내 주셔서 수상도 했고요. 그러다가 코드에 관한 것들을 배우고 나서 가요를 카피하게 되고, 가요 스타일의 노래를 작곡하기 시작했어요. 그중에는 친구에 관한 노래도 있었고, 짝사랑에 관한 노래도 있었어요. 그리고 고등학교 때는 중창단의 단장을 하면서 음악실 열쇠를 관리하게 됐는데, 그 덕분에 자유롭게 피아노를 칠 수 있었죠. 제가 작곡한 노래에 피아노를 연주하고, 친구가 노래하는 걸 녹음해서 테이프로 앨범을 만들어서 주변 여학교에 팔기도 했어요. 지금으로 말하면 열 곡이 들어있는 정규 앨범이었는데, 3천 원씩인가 받고 70장 이상 팔았던 것 같아요.

수능을 보고 나서 부모님은 재수를 권유하셨는데, 저는 빨리 대학가요제에 나가서 김동률, 신해철 같은 뮤지션이 되겠다는 꿈을 갖고 있었어요. 그래서 고려대 철학과에 진학했고, 당시에 KMTV, Mnet에서 하는 대학생 뮤지션 콘테스트 같은데 나가서 입상도 했어요. 같이 지원한 친구들은 거의 실용음악과 출신이었는데, 전공하는 친구들은 확실히 음악을 잘하더라고요. 대학가요제도 도전했는데, 계속 떨어져서 군대에 가려다가 유재하 음악 경연 대회에 참가하게 됐어요. 유재하 음악 경연 대회는 지금은 다르지만, 기본적으로 유재하 선배님과 같은 아티스트형 싱어송라이터를 뽑는 가요제에요. 작사, 작곡, 편곡, 노래, 연주까지 다 해야 지원할 수 있었죠. 유희열, 김연우, 방시혁, 조규찬 같은 가수들이 다 유재하 음악 경연 대회에서 수상한 분들이에요. 2차에서 떨어졌는데 합격한 사람들을 보니까, 이번에도 대부분 실용음악과더라고요. 혼자서 하는 데에 한계를 느꼈죠.

그래서 군대를 미루고 실용음악 학원에 등록했어요. 실용음악 학원 중에서 학교처럼 커리큘럼을 갖추고 있는 재즈 아카데미라는 학원이었는데요. 1년 정도 다니고 나서 그 해에 유재하 음악 경연 대회에서 입상(동상)했어요. 그러면서 음악을 조금 더 해도 되겠다는 자신감을 얻었죠. 군대 가기 전까지 친구와 같이 오디션에 도전하기 위해 앨범도 만들었는데, 제대로 된 결과물은 만들지 못했어요. 시간도 부족하고, 아무것도 몰랐던 시기예요. 군대 다녀와서 음악을 잘하는 대학교 후배를 통해 작곡가 선배를 만나게 됐고, 그 밑에서 배우면서 본격적으로 작곡가의 길을 가게 됐어요.

편 어린 시절부터 음악을 하기 위해 계속 노력하셨네요.

서 네. 그런 것 같아요. 음악을 정말 많이 좋아했지만, 중고등학교 때 공부도 열심히 했고, 나름대로 좋은 대학도 나왔어요. 군대에 다녀와서는 부모님의 기대도 있어서 일반 회사에 취직하려는 생각도 했었고요. 유재하 음악 경연 대회에 나가서 입상까지 했지만, 현실적으로 바로 데뷔할 수 있는 것도 아니었기 때문에 고민이 많았죠. 그래도 저의 꿈을 위해서 할 수 있는 데까지는 노력해 보고 싶었어요. 그때는 작곡으로 돈을 벌 수 있다는 것도 모르고, 어쨌든 한 달에 100만 원 정도만 벌어 보자는 마음으로 시작했어요. 그렇게 하다 보니까 지금까지 오게 됐네요.

편 학창 시절에 공부를 열심히 했던 이유가 뭐예요?

서 아버님이 선생님이셔서 공부를 못하면 안 된다는 생각도 있었고, 공부를 열심히 하는 게 학생으로서 당연하다고 생각했어요. 우리 동네가 학구열이 강한 편이어서 주변의 친구들도 다 열심히 했고요. 음악에 관심을 두면서 학년이 올라갈수록 성적이 조금 떨어지긴 했는데, 다행히 고려대학교 철학과에 진학했어요. 제가 어렸을 때 동경하던 신해철 선배님이 철학과 출신이고, 김동률 선배님도 명문대 출신이어서 저도 명문대 출신의 뮤지션에 대한 동경이 있었던 거 같아요.

편 요즘은 작곡가들도 팬이 있는 경우가 많더라고요.

서 아이돌 음악을 작업하면, 그 팬들이 작곡가까지 좋아해 주는 것 같아요. 〈보이즈 플래닛〉이라는 오디션 프로그램에 나온 이븐이라는 팀이 있는데, 얼마 전에 수록곡을 작업했거든요. 팬들이 좋은 노래를 만들어줘서 감사하다고 피드백을 줬어요. 그리고 노래에 대한 반응은 음원 사이트에서 늘 볼 수 있고요. 댓글에 가수에 대한 내용이 많긴 하지만, "노래가 좋다", "편곡이 좋다"라는 식으로 노래 자체에 대한 반응을 남기는 경우도 많아요. 그분들은 저를 모르지만, 제가 만든 노래에 반응이 있고 좋아해 주시면 보람을 많이 느끼죠. 그리고 저는 포이트리라는 개인적인 팀도 하고 있는데, 그 앨범이나 노래에 대한 피드백도 있어서 더 열심히 작업하고 있어요.

편 악플도 있나요?

서 있죠. 아이돌 앨범의 수록곡은 그래도 부담이 적은데, 타이틀곡을 작업하면 히트에 대한 책임을 작곡가가 어느 정도 같이 지게 되거든요. 결과가 안 좋으면, 팬들은 노래가 별로여서 망했다고 신랄하게 적어요. 저도 제가 만든 노래니까 누구보다 잘되길 바라는데, 그런 반응을 보면 상처를 받죠. 그래서 타이틀곡이 되면 기쁘지만, 한편으로는 성공에 대한 부담도 큰 것 같아요.

편 어떤 사람들을 만날 때 힘을 얻으세요?

서 우선은 동료들에게서 힘을 얻는 경우가 많아요. 말씀드린 것처럼 요즘은 공동 작업이 많은데, 공동 작업이라는 게 서로의 부족한 부분을 채워주는 방식이 많잖아요. 제가 부족한 부분을 동료들이 채워주면 같이 작업할 때 큰 힘이 되죠. 반대로 저도 그들에게 그런 사람이 될 수 있게 항상 노력하고 있고요. 그리고 제가 작업한 곡에 대해 선후배 뮤지션들이나 일반 지인들에게 좋다는 평가를 받으면 힘이 돼요. 음악 작업을 계속하다 보면, 스스로에 대해 부족함을 느껴서 힘들고 지칠 때가 많은데, 제가 존경하는 선배나 좋아하는 동료 후배들에게 좋은 평가를 받으면 너무 기쁘죠. 초반에 말씀드렸던 성시경의 「너에게」를 편곡했을 때, 많은 선배님과 동료들에게 편곡이 좋다는 이야기를 들었어요. 대중들의 평가도 기쁘지만, 음악 전문가인 선배나 동료들에게서 받는 좋은 평가는 저에게 큰 힘을 주거든요. 또 노래를 잘 부르고 열심히 하는 가수들에게서도 힘을 얻어요. 노래를 녹음하는 과정이 참 어려운데, 저보다 더 열심히 하고 제가 만든 노래에 대해 열정이 있는 가수들을 만나면 훨씬 힘이 덜 드는 것 같아요.

편 작곡가가 되기 전과 후의 인생에서 무엇이 다르다고 느끼세요?

서 원래 성격은 겁이 많고 걱정도 많아요. 현실적이고 안정적인 걸 좋아하는 편이었고요. 그런데 작곡가는 불안정한 직업이잖아요. 이 일을 하면서 제 성격이 조금은 달라졌다고 느낄 때가 있는 것 같아요. 이제는 어느 정도 성과도 있고, 수입이 안정적인 것도 영향이 있겠지만, 당장 곡이 팔리지 않더라도 불안해하지 않아요. 어떤 일이 있을 때마다 일희일비하면 힘들다는 걸 알게 됐으니까요. 그리고 이전보다 새로운 도전을 할 때 덜 두려워하고, 시작할 수 있는 용기가 더 많아졌어요. 그런 부분이 가장 큰 변화인 것 같아요.

편 선생님의 꿈은 뭐예요?

서 저와 같은 음악인들은 음악 일을 오랫동안 하는 게 꿈이겠죠. 예술 분야의 일이 다른 일반적인 일들과는 성격이 좀 다르고, 기본적으로 금전적인 부분과는 거리가 좀 있는 일인 거 같아요. 앞에서 〈라라랜드〉 이야기할 때도 말씀드렸지만, 이런 계통의 일은 꿈을 꾸는 사람들은 많지만, 현실적인 문제 때문에 힘들어하는 경우가 더 많거든요. 그런 부분들을 저도 잘 알기 때문에 이 일을 계속하는 것이 꿈이에요. 저는 이미 어느 정도 꿈을 이룬 셈이지만, 계속 대중들이 좋아하는 음악을 만들고 싶어요. 대중과 소통하면서 음악 활동을 오랫동안 하는 게 꿈이죠. 크리에이터라면 누구나 바라는 일일 거예요.

음악은 기본적으로 혼자만 듣기 위해서 만드는 것이 아니라고 생각해요. 대중들이 좋아해 주지 않으면 이 일은 더 이상 하기 힘들죠. 그리고 대중들이 좋아해 주는 만큼 그 노래에 생명력이 생기기도 하고요. 작곡가를 꿈꾸는 지망생들이 많이 하는 실수 중 하나가 노래를 완성하지 않고, 스케치나 습작의 형태로 두는 거예요. 완성도 있는 데모를 완성하려면, 복잡한 과정이 필요하니까 중간에 손을 놓는 경우가 많죠. 작품은 완성된 상태로 들려주는 것이 가장 좋다고 생각해요. 중간에 지쳐서 미완성인 상태로 작업을 마무리하게 되면, 누군가에게 들려주기도 힘들고 들려주더라도 자신의 의도를 완벽하게 전하지 못할 가능성이 높아요. 기왕이면 작업을 시작할 때, 데모를 완성해서 많이 들려주고 피드백을 받는 게 좋아요. 그러다 보면 부족한 부분도 보이지만, 또 자신감도 생길 수 있으니까요. 그래서 대중과 소통하는 건 정말 중요해요. 모든 노래를 대중이 좋아해 주는 건 아니거든요. 그렇더라도 이런 소통의 과정은 프로 작곡가로서 꼭 필요하죠.

그리고 대중이 내 노래에 공감하고 좋아해 주면, 그게 또 다음 노래를 만들 수 있는 원동력이 돼요. 그런 원동력이 없으면 이 일을 계속하기는 힘들 거예요. 저도 '포이트리'라는 팀을 하고 있는데요. 팬들이 많지는 않지만, 노래를 듣는 분들이 좋다고 해주고, 가끔 유튜브를 통해 외국에서도 좋다는 피드백이 오거든요. 그런 피드백을 원동력으로 이 일을 오랫동안 하고 싶어요. 그게 제 꿈입니다.

이 책을 마치며

편 선생님, 지금까지 장시간의 인터뷰였습니다. 청소년들을 위해 인터뷰를 하신 소감이 어떠신가요?

서 저도 당연히 청소년 시절이 있었고, 인터뷰하는 동안 그 시기가 떠오르기도 했어요. 그래서 더 청소년들에게 도움이 되고 공감되는 내용을 얘기하려고 노력했던 것 같아요. 지금은 아직 결정된 것이 아무것도 없고, 그렇기 때문에 무엇이든 될 수 있는 시기죠. 그리고 무슨 꿈을 꿔도 그 꿈이 미래가 될 수 있는 시기이고요. 저도 음악을 좋아하는 마음 하나가 쭉 이어져서 K-POP 작곡가가 되었다고 생각하거든요. 청소년 여러분, 나이가 들어갈수록 꿈과 현실은 마치 〈라라랜드〉의 영화에서처럼 싸우기도 하고, 그 현실 때문에 꿈이 상처가 되는 경우도 많아지는 것 같아요. 하지만, 지금 청소년 여러분들은 단지 꿈만 생각해도 좋은 시기예요. 그게 무엇이든 마음껏 꿈꾸고, 대신 그 간절한 마음은 시간이 지나도 계속 가지고 가길 바랍니다.

편 이 책을 읽는 청소년, 그리고 진로 직업에 대해 고민하는 많은 사람이 어떤 직업인이 되기를 바라세요?

서 작곡가라는 직업은 일반적인 직업들과는 성격이 조금 달라요. 입사 시험이나 자격증이 있는 것이 아니라서 누구나 될 수 있죠. 대신 프리랜서에 가까운 직업이라 스스로 일을 찾아 노력하고 끊임없이 발전해야 해요. 청소년 여러분들이 작곡가나 혹은 다른 직업을 가지더라도 이런 마음가짐은 중요한 것 같아요. 하나의 일을 오래 하다 보면, 매너리즘에 빠지거나 일 자체에 싫증을 느끼기 쉽거든요. 그래서 오랫동안 해도 재미있고, 지겹지 않은 일을 직업으로 삼으면 좋겠어요. 그러기 위해서는 청소년 시기에 많은 것들에 관심을 가지고 진지한 마음으로 도전해 보세요. 요즘은 너무 빠르게 변화하다 보니, 지금 세상의 관점으로 직업을 찾지 않으면 좋겠어요. 주변의 이야기보다는 자신의 마음이 하는 이야기에 집중하는 것이 좋지 않을까요?

편 작곡가님은 이 직업을 통해 행복해지셨나요?

서 뮤지션이 되고 싶다는 어렸을 적 꿈을 이루고, 유명한 가수의 노래를 만들고, 히트한 곡도 몇 곡 생겼다는 점에서는 어느 정도 행복을 찾은 거 같아요. 지금도 작곡하는 일은 행복한 부분이 크죠. 다만 제가 최근에 작곡한 노래인 「꿈이 상처가 된 너에게」의 가사처럼 괴로울 때도 있어요. 더 좋은 노래를 만들고 싶고, 히트곡도 더 많이 내고 싶은데 정말 쉽지 않은 일이니까요.

편 다시 태어난다면 이 직업을 또 선택하실 건가요?

서 다시 태어나도 뮤지션이 되는 것은 좋을 것 같아요. 그런데 작곡도 좋지만, 재즈 피아니스트나 노래를 잘하는 싱어송라이터도 해보고 싶어요.

편 청소년 여러분, 서정진 작곡가님을 통해서 바라본 K-POP의 세계가 어땠나요? 이제는 악기를 다루지 못해도 영감만 있다면, 프로그램으로 음악을 작곡하고 컴퓨터를 통해 연주할 수 있는 시대예요. 영감과 디테일, 협업으로 이루어지는 K-POP 작곡가의 세계를 접하면서 아득히 멀다고 느낀 미래에 갑자기 도착한 느낌도 들었고, 대중문화가 얼마나 빠른 속도로 진화하고 그 크기가 커지고 있는지 배울 수 있었어요. 더 많은 청소년이 K-POP의 세계에 관심을 두고 바라보기를 바랍니다. 음악으로 다양한 대중음악 전문가들과 소통하면서 동시에 대중의 눈높이에서 그들의 관심과 사랑에 놓이는 특별한 K-POP 작곡가 직업의 세계를 경험한 감사한 시간이었어요. 이 세상의 모든 직업이 여러분을 차별하지 않고 모든 문을 활짝 열 수 있도록 잡프러포즈 시리즈는 부지런히 달려갑니다. 다음 편에서 뵙겠습니다! 감사합니다.

나도
K-POP 작곡가

기타나 피아노를 이용해 간단한 코드를 배워보세요. 배운 코드를
써서 코드 진행을 만들고, 가사와 멜로디를 만들어보세요.

유튜브에서 미디에 대해 검색해서 작업하는 과정을 알아보세요.

피아노나 기타, 베이스, 드럼 등을 각자 배워서 밴드를 결성하고, 마음에 드는 노래를 합주해 보세요.

최신 유행하는 팝 음악을 조사해서 들어보고, K-POP 노래들과 비교해서 들어보세요.

마음 속 기억창고를 만드는
K-POP 작곡가

유튜브에서 자신이 좋아하는 아이돌 곡이나 유명한 팝송들의 오리지널 데모를 검색해서 찾아 들어보세요.

휴대전화 앱에 있는 가라지 밴드를 이용해 비트를 만들어보세요.

청소년들의 진로와 직업 탐색을 위한
잡프러포즈 시리즈 69

마음 속 기억창고를 만드는

K-POP 작곡가

2024년 3월 14일 초판1쇄

지은이 | 서정진
펴낸이 | 유윤선
펴낸곳 | 토크쇼

편집인 | 김수진
교정 교열 | 박지영
표지디자인 | 이든디자인
본문디자인 | 문지현
마케팅 | 김민영

출판등록 | 2016년 7월 21일 제2019-000113호
주소 | 서울시 마포구 월드컵북로98, 2층 202호
전화 | 070-4200-0327
팩스 | 070-7966-9327
전자우편 | myys237@gmail.com
ISBN | 979-11-92842-75-2(43190)
정가 | 15,000원